perfect days

*Susanne Haverkamp*

# Das kleine Buch vom
# *Gottvertrauen*

schlütersche

**Bibliografische Information der Deutschen Nationalbibliothek**
Die Deutsche Nationalbibliothek verzeichnet diese Publikation in der Deutschen Nationalbibliografie; detaillierte bibliografische Daten sind im Internet über http://dnb.ddb.de abrufbar.

ISBN 978-3-89993-808-1



Die im Folgenden verwendeten Personen- und Berufsbezeichnungen stehen immer gleichwertig für beide Geschlechter, auch wenn sie nur in einer Form benannt sind.



| | |
|---|---|
| Titelfoto: | LP, www.fotolia.de |
| Fotos: | www.fotolia.de |
| Layout & Satz: | Michael Fröhlich, Hannover |
| Druck & Bindung: | Mohn media Mohndruck GmbH, Gütersloh |

# INHALT

# EINLEITUNG

## GOTTVERTRAUEN
## Eine Anleitung zum Selbstversuch

Vertrauen ist gut, Kontrolle ist besser. Wer je ein Haus gebaut hat, weiß, dass das ein kluger Grundsatz ist, wenn man Freude an seiner Immobilie haben will. Kontrolle ist das Prinzip jeder Rechnungsprüfung, jeder Klassenarbeit, jeder TÜV-Untersuchung, jedes Zugschaffner-Einsatzes. Wenn Kontrolle fehlt, kommt es allzu oft zu Unglücken: beim ICE, bei Seilbahnen, bei Atomkraftwerken. Wir verlassen uns darauf, dass Röntgengeräte genauso kontrolliert werden wie die Wasserqualität, die Haltbarkeit des Fleisches genauso wie die Notausgänge in öffentlichen Gebäuden. Unser Leben besteht aus Kontrolle, sei es der Blutzuckerspiegel, der Reifendruck beim Auto oder der Zustand der Zähne. Denn: Vertrauen ist gut, Kontrolle ist besser. Vielen gilt es als Lob, wenn sie als „kontrollierter Mensch" bezeichnet werden.

Sie haben sich und andere im Griff, soll das heißen. Keine Überraschung kann sie aus der Bahn verwerfen. „Keine Panik", sagen sie gern, „ich habe alles unter Kontrolle."

Alles? Und auch alle und jeden? Jeder weiß: Wenn Ehepartner anfangen, sich gegenseitig zu kontrollieren, ist das Ende in Sicht. Wenn Eltern jeden Schritt ihrer jugendlichen Kinder überprüfen, kann in der Familie etwas nicht stimmen. Wenn ein Chef jede Büroklammer nachzählt, ist das Betriebsklima gestört. So wichtig Kontrolle im technischen Bereich ist, so gefährlich ist sie in zwischenmenschlichen Beziehungen. Für Freundschaft, für Liebe und Familie, für Kollegialität und gute Nachbarschaft gilt: Kontrolle ist gut, Vertrauen ist besser. Und es ist auch der einzige Weg zu einem glücklichen Leben. Denn wer alles und jeden kontrolliert, wird zu einem Getriebenen, zu einem Getriebenen des eigenen Misstrauens.

Vertrauen ist eine Grundvoraussetzung des Lebens. Kinder, die kein Ur-Vertrauen entwickeln konnten, geraten als Erwachsene meist in Schwierigkeiten. Sie haben kein Vertrauen in Menschen und kein Vertrauen ins Leben. Ihnen fehlt die Gewissheit, dass „alles gut wird", dass das Leben Sinn hat, dass ihr Weg trotz Sackgassen, Hindernissen und Umleitungen ans Ziel führt, weil es Menschen gibt, auf die sie sich verlassen können. Unbedingt und in allen Schwierigkeiten.

Und wenn doch einmal niemand da ist, der hilft? „Und wenn alle dich verlassen: Ich verlasse dich nicht!", so spricht Gott in der Bibel. Wer daran glaubt, hat Gottvertrauen. Es ist das positive Vorzeichen im Alltag und im Beruf. Es gibt den Mut, schwierige Entscheidungen zu treffen und die Kraft, Not und

Gefahr zu überstehen. Gottvertrauen schenkt Gelassenheit in dem Wissen, dass nicht alles von mir und meinem Können abhängt, es verleiht Ruhe, wenn meine eigenen Möglichkeiten am Ende sind, und es bewährt sich dann, wenn Unglück und Leid mich an Gott zweifeln lassen.

Kann man Gottvertrauen lernen? Nein, es ist Geschenk, es ist Gnade. Aber man kann sich vom Gottvertrauen anderer überzeugen und mitreißen lassen. Man kann sich selbst in ihren Erfahrungen wiedererkennen und so den Versuch wagen, das Gottvertrauen in sich selbst wieder zu entdecken, zu stärken, neu zu beleben. Dabei will das Buch helfen. Es ist kein Lehrbuch und keine Anleitung, sondern gibt Zeugnis und lädt ein. Genau das ist nämlich das Wesen des christlichen Glaubens: dem Zeugnis derer zu vertrauen, die Gott erlebt haben und das als Einladung zu verstehen, die Jesus so formulierte: „Kommt und seht“.

*Susanne Haverkamp*

Foto: Jaroslav Grudzinski · www.fotolia.de

# GOTTVERTRAUEN ...

# ... IM ALLTAG

*„Seid gewiss: Ich bin bei euch alle Tage*
*bis zum Ziel der Welt."*

*(Matthäus, Kapitel 28, 20)*

## *PORTRÄT*

Morgens um neun ist es ruhig auf dem Hof der Familie Schuten am Rand des Teutoburger Waldes. Auf der Weide und im Stall kauen Pferde und Ponys, drei Hunde laufen quer über den Hof, ein Schwein grunzt wohlig. Im Wohnhaus stehen Wäscheständer in der geräumigen Tenne mit dem riesigen Esstisch und verschiedenen Sofa-Ecken. Doch die Ruhe täuscht: Ein paar Stunden später, wenn Schulschluss ist, toben jede Menge Kinder und Jugendliche über das Gelände. Acht von ihnen sind Pflegekinder, die Franz und Christiane Schuten bei sich aufgenommen haben – fünf Töchter haben sie selbst, die jüngste ist dreizehn. Die älteste, die bereits 26 ist, arbeitet schon auf dem Hof mit, dem „Jugendhof Obermeyer".

„Gottvertrauen kann ich jeden Tag gebrauchen", sagt Franz Schuten. Der gelernte Maschinenbauer stammt aus kleinen Verhältnissen. „Mein Vater war Heuerling, aber hat es geschafft, sich etwas aufzubauen. Dieses Gefühl, etwas schaffen zu müssen, steckt wohl auch in mir drin." Auch seine christliche Prägung hat er von zu Hause mitbekommen. „Glaube war für uns ganz selbstverständlich." Nach und nach wuchs er in die kirchliche Jugendarbeit hinein und merkte: So etwas will ich auch beruflich machen. Franz Schuten studierte Sozialpädagogik, arbeitete erst in einer Gemeinde, dann in einem kirchlichen Jugendbüro. Seine Frau Christiane ist ebenfalls Sozialpädagogin. „Sie hat von Anfang an den Schwerpunkt Heil- und Sonderpädagogik studiert", erklärt Franz Schuten und spielt dabei auf den Neubeginn an, den die Familie 1985 wagte.

„Wir hatten uns schon länger gefragt, ob wir etwas zusammen arbeiten können", erzählt er. „Nur Erziehungsarbeit bei unseren damals zwei Töchtern zu leisten, hat meine Frau nie befriedigt." Die Schutens gingen als Pflegeeltern in das „Westfälische Kinderdorf Niedersachsen" in Dissen. „Eigentlich wollten wir nur Jugendliche begleiten, die in Schwierigkeiten sind", erinnert sich Schuten an dieses ursprüngliche theoretische Konzept. „Die Jugendlichen haben uns aber einen Strich durch die Rechnung gemacht. Sie hatten einen enormen Nachholbedarf an Familie." Gottvertrauen war schon damals nötig, denn sein Arbeitsleben und seinen Alltag so eng mit seinem Privatleben zu verzahnen, erfordert Mut. „Da kann man nicht einfach wieder aufhören, wenn der Job nichts ist. Da geht es um Menschen." Und zwar um Menschen, die in ihrem Leben wenig Gutes erfahren haben. Viele kommen aus zerbrochenen Familien, ihre oft alleinerziehenden Mütter sind teilweise selbst in psychiatrischer Behandlung und können ihre Kinder nicht mehr versorgen. Emotionale Bindungen, die Einhaltung von Regeln, die Übernahme von Pflichten und Verantwortung, die Schule – all das stellt ein Problem dar. Und das tagtäglich. Der Alltag von Franz Schuten besteht deshalb aus vielen Auseinandersetzungen. „Massive Opposition, Leistungsverweigerung, Grenzüberschreitungen, Beschimpfungen – das kommt regelmäßig vor.“ Da braucht es nicht nur viele pädagogische Kenntnisse, sondern auch eine Portion Gottvertrauen, um nicht die Brocken hinzuwerfen. „Gottvertrauen heißt aber nicht, selbst die Hände in den Schoß zu legen“, sagt der Vater, der schon fünfzig Kinder erzogen hat. „Wir bilden uns immer wieder fort, zum Beispiel jetzt über das Aufmerksamkeitsdefizit ADS und ADHS, und wir merken, dass wir dadurch manchen Jugendlichen besser helfen können als vorher.“

Wirklich viel Gottvertrauen hatten die Schutens, als sie 1987 beschlossen, einen alten Bauernhof im Teutoburger Wald zu kaufen und zum „Jugendhof“ umzubauen. Der Investitionsplan ging in die Hunderttausende „und irgendwann mussten wir uns eingestehen, dass wir das finanziell nicht gebacken kriegen.“ Doch dann kam das, was Franz Schuten „Fügung“ nennt: Als er telefonisch beim Besitzer absagen wollte, meinte der: „Wie viel können Sie denn zahlen?“ Gemeinsam erarbeiteten sie einen Finanzierungsplan, ohne den der Jugendhof nicht zustande gekommen wäre. „Wir hatten früher schon mal ein großes Haus oder einen Hof gesucht, um zusammen mit

Freunden zu leben. Heute bin ich froh, dass aus dieser Suche nichts geworden ist“, erinnert sich der 53-Jährige. Gott habe das schon in die richtigen Wege gelenkt, meint er. „Diese Erfahrung habe ich schon oft gemacht.“

Auch bei den Kindern und Jugendlichen, die im Durchschnitt fünf Jahre mit der Familie zusammenleben. „Manchmal stehen sie nach Jahren plötzlich vor der Tür, und wir erleben, dass sie es geschafft haben, dass sie sagen: ‚Ihr hattet damals Recht.‘ Das gibt uns immer wieder Kraft, Durststrecken zu überstehen.“ Zum Bespiel als ein junger Mann, zu dem Franz Schuten eine enge Beziehung hatte, eine eigene Wohnung bezog und nach einiger Zeit abtauchte. „Der Vermieter rief an, und dann habe ich drei Tage lang eine total versiffte, verwahrloste Wohnung ausgeräumt. Das tat weh.“ Manchmal hilft dann nur ein Gebet – oder zumindest erleichtert es die eigene Seele.

Gebetet wird auf dem Jugendhof sowieso, auch wenn die meisten Jugendlichen davon noch nie etwas gehört haben. „Wir beten zum Beispiel bei Tisch. Da braucht niemand mitzumachen, wir verlangen nur, dass keiner stört.“ Aber merkwürdigerweise ist das kein Problem. „Nach ein paar Wochen fragen sie dann: ‚Kann ich auch mal vorbeten?‘, so sehr haben sie sich daran gewöhnt.“ Auch daran, dass eine „Schutzmantel-Madonna“ die Mauer des Jugendhofes schmückt, gestaltet von einem ortsansässigen Künstler. „Man sieht Maria, die ihren Mantel über den Hof und über eine Gruppe von Kindern ausbreitet“, erzählt Schuten, der im Studium auch Religionspädagogik belegt hatte.

„Und was mir besonders gefällt: Auf dem Arm hat Maria das Jesuskind – und das überragt seine Mutter eindeutig." Zu Weihnachten und zu Ostern gehen die Schutens mit allen, die im Haus sind, in die Kirche. „Nur zu Weihnachten und zu Ostern klingt vielleicht wenig, aber wenn man mehr verlangt, stoßt man eben an seine Grenzen." Selbst bei den leiblichen Töchtern. „Es schmerzt mich manchmal, dass sie so wenig in der Kirche verwurzelt sind." Aber auch das kann der Vater mit Gottvertrauen bewältigen. „Gott zwingt den Menschen nicht, sondern er gibt ihm Freiheit." Und selbst wenn die Töchter keine großen Kirchgänger sind: In anderer Weise haben sie die christliche Überzeugung ihrer Eltern doch übernommen. So studieren die beiden Ältesten Sozialpädagogik und arbeiten inzwischen auf dem Hof mit. Die Erfahrung dieses sehr speziellen Familienlebens hat sie also nicht abgeschreckt. Im Gegenteil: Statt ihren Jugendtraum vom eigenen Gestüt zu verwirklichen, betreut die älteste Tochter nun die „tiergestützte Pädagogik", die den Kindern und Jugendlichen ermöglicht, im Umgang mit Pferden, Ponys und Hunden Verantwortungsgefühl zu erlernen und Beziehungen zu erfahren.

Doch eines ist klar: Wer wie Franz Schuten seit über zwanzig Jahren mit Jugendlichen zusammenlebt, die „alle irgendwie einen Schaden haben", für den gehören negative Erlebnisse zum Alltag. „Manchmal müssen wir uns von Jugendlichen trennen oder sie trennen sich von uns, weil es einfach nicht geht. Oder jemand zieht, wenn er gerade 18 geworden ist, aus, und später hören wir, dass er abgestürzt ist. Alkohol, Drogen, Kriminalität, das haben wir alles schon gehabt." Es ist nicht einfach, dann voll Gottvertrauen weiterzumachen, zumal das Zusammensein auf dem Jugendhof eben kein Job ist, von dem man abends nach Hause fährt, sondern das Leben selbst, der Alltag, von dem man nie wirklich Abstand gewinnt.

Franz Schuten kann sich nicht vorstellen, ohne Gottvertrauen seinen Alltag zu bestehen. „In der Regel sage ich bei Problemen nicht: ‚Da kann jetzt nur noch Gott helfen!', denn ich bin Pädagoge und muss sehen, was in einer bestimmten Situation zu tun ist", sagt er. Aber er weiß, dass er nur Angebote machen kann, dass der Erfolg nicht in seiner Hand liegt. „Wenn jemand zu uns kommt, dann stelle ich mir immer vor, dass er wie ein Seemann auf einem Schiff anheuert. In seine Seekiste kommt alles hinein, was er hier erlebt: die Erlebnisse, die Erfahrungen, die Ratschläge, die Gebete – alles. Wenn die Reise zu Ende ist, kann er den Rest seines Lebens aus dieser Kiste schöpfen. Oder er kann die Kiste fest verschließen und an der tiefsten Stelle des Meeres versenken. Aber auch wenn sie versenkt ist: Sie ist da, und vielleicht holt er oder sie die Kiste irgendwann wieder rauf und schließt sie auf und nutzt das, was drinnen ist."

Eine Kiste zu füllen, die vielleicht versenkt und möglicherweise irgendwann wieder herausgefischt wird. Wer das jeden Tag tut, der hat Gottvertrauen. Für Franz Schuten jedenfalls ist seine Seemannskiste nichts anderes als ein Bild für eben das: Gottvertrauen im Alltag.

## *ZUR SACHE*

Eigentlich ist es ein Wunder, dass unser Alltag funktioniert, dieses komplexe Ineinander verschiedenster Aufgaben, Dienstleistungen, Angebote, Anforderungen und Befindlichkeiten. Wenn man etwa einem Außenstehenden erklären müsste, wie eine Woche in einer vierköpfigen Familie funktioniert, „wer wann wo wie was macht“ und worauf zu achten ist, damit alles läuft, dann müsste man ein ziemlich dickes Handbuch schreiben – und auch darin stünde nur das Nötigste.

Uns sind die Abläufe des Alltags so in Fleisch und Blut übergegangen, dass wir erst dann aus dem Rhythmus kommen, wenn etwas nicht klappt. Es brauchen nur die Eisenbahner oder die Busfahrer zu streiken, dann bricht Hektik aus. Selbst ein kaputter Wecker, der dafür sorgt, dass der Morgen eine Stunde zu spät beginnt, belastet manchmal den ganzen Tag. Und wenn, wie Ende November 2005, bei einer „Schneekatastrophe“ einige Zeit der Strom ausfällt, geht gar nichts mehr, weder im Haushalt noch im Büro. Eigentlich ist es wirklich ein Wunder, dass unser Alltag fast immer funktioniert – und trotzdem nehmen wir dieses Wunder ganz selbstverständlich hin.

Außer in Auszeiten. Dann, wenn jemand „ausgebrannt“ ist, den Alltag nicht mehr schafft. Wenn jemandem alles zu viel wird und jede Aufgabe zu einem unüberwindlichen Berg. Wenn Krisen kommen. Wenn eine Krankheit oder ein Unfall uns aus der Bahn wirft. Wenn Sorgen den Alltag überlagern. Dann wird plötzlich klar: Das, was uns so selbstverständlich erscheint, ist in Wahrheit nicht selbstverständlich. Wir haben unseren Alltag nicht wirklich „fest im Griff“. Das Leben besteht aus so vielen Unwägbarkeiten, so vielen Gefahren, so vielen

Zufällen, dass es sich letztlich unserer Kontrolle entzieht. All unser Organisationstalent, unser Krisenmanagement, unsere Erfahrung und Selbstkontrolle sind nichts als schöner Schein. Trotzdem machen wir weiter, natürlich. Und die meisten stehen morgens optimistisch auf, in der sicheren Erwartung, den Tag gut zu meistern. Unausgesprochen steht für manche ein tiefes Vertrauen hinter diesem Optimismus, der Glaube nämlich, dass ein anderer mitgeht an diesem Tag. Die einen nennen es „Schutzengel", die anderen sagen „Gott". Sie meinen einen unsichtbaren Begleiter, einen Beschützer, einen Kraftgeber. In ihn haben sie Vertrauen, so tief, dass sie oft gar nicht mehr darüber nachdenken. Gottvertrauen im Alltag: Es hat vielfältige Formen – wenn man einmal genauer hinschaut.

**Die Nahrung**

Dass „unser täglich Brot" morgens auf dem Frühstückstisch steht, ist nichts Besonderes. Nur die „Kriegsgeneration" oder Flüchtlinge aus afrikanischen Ländern können bei uns noch davon erzählen, wie es ist, Hunger zu haben, richtigen Hunger – und nicht zu wissen, womit er in den nächsten Tagen und Wochen gestillt werden kann.

*Das Volk hungerte. Seit sechs Wochen waren sie unterwegs. „In die Freiheit", wie ihr Anführer sagte, denn das Volk hatte in der Sklaverei gelebt. Die Flucht war abenteuerlich genug, vor allem, als die bewaffnete Reiterei losritt, um die billigen Arbeiter zurückzuholen. Doch wie durch ein Wunder war es gelungen, sie abzuschütteln und durch einen schmalen Meeresarm in die Freiheit zu gelangen.*

*Jetzt wollten alle nur noch in die alte Heimat, dorthin, woher ihre Vorväter gekommen waren, das Land, in dem Milch und Honig*

*fließt, wie man sich erzählte. Doch der Weg war weit. Er führte durch die Wüste, und keiner wusste so genau, wie man gehen musste. Und jetzt saßen sie fest. Überall nur Stein, Geröll und Sand – und die schmalen Vorräte waren aufgebraucht. „Warum hast du uns hierher geführt", griffen die Männer und Frauen ihren Anführer an. „Nur um uns an Hunger sterben zu lassen? Da wären wir doch besser geblieben, wo wir waren. Da hatten wir immer genug Brot und sogar die Fleischtöpfe waren gut gefüllt!"*
*Gott hörte das Murren und hatte Mitleid. „Ich will euch Brot vom Himmel regnen lassen", sagte er zum Anführer des Volkes. „Jeden Morgen sollt ihr so viel Brot finden, wie ihr zum Essen braucht."*
*Und so geschah es. Am nächsten Morgen lag Tau auf dem Boden, und als der Tau sich hob, lag auf dem Wüstenboden etwas Feines, Knuspriges. Da sagte der Anführer zum Volk: „Das ist das Brot, das Gott euch zu essen gibt. Sammelt davon so viel, wie jeder zum Essen braucht, ein Gomer je Kopf. Esst es heute auf, es darf nichts davon bis morgen übrig bleiben."*
*Einige vorausschauende Denker unter ihnen schlugen aber die Warnung in den Wind. „Wer weiß, ob es morgen wieder etwas gibt", dachten sie. „Gottvertrauen ist gut, Vorratshaltung ist besser." Doch über Nacht wurde das Brot wurmig und stank.*
*Da wurde der Anführer zornig: „Könnt ihr nicht ein einziges Mal dem Herrn, eurem Gott, der euch so viel Gutes getan hat, vertrauen?"*

*(nach Exodus, Kapitel 16)*

Seit jenen alten Tagen war Beten zum Essen im Judentum und später auch im Christentum eine Selbstverständlichkeit. Jahrhundertelang war das so, vermutlich so lange, wie die Hoffnung auf tägliche Nahrung mit Gottvertrauen zu tun hatte. Es unterschied auch die Konfessionen nicht: Luther schätzte das Tischgebet genauso wie der Papst. Bekannt ist auch die Tradition, die sich bis in das 20. Jahrhundert hinein hielt, in ein frisch gebackenes Brot, kurz bevor es angeschnitten wurde, ein Kreuz zu ritzen. Als Dank für das duftende, leckere Backwerk und als Bitte, es immer wieder zu bescheren.

Heute ist das anders geworden. Nahrungsmittel gibt es im Überfluss. Wir kennen Butterberge, Milchseen und Getreidehalden, die aus weltwirtschaftlichen Gründen sogar vernichtet werden müssen. Und wer vergessen hat, Brot einzukaufen, nimmt zum Frühstück eben Cornflakes, Müsli oder Joghurt oder alles zusammen. Natürlich müssen manche Menschen sparen, können sich nicht das Bio-Rindfleisch oder die Forelle aus kontrollierter Züchtung leisten. Aber am Brot soll es nicht scheitern. Parallel zu dieser Entwicklung ist das Tischgebet zurückgegangen. Eine Umfrage kam 1982 zu dem Ergebnis, dass nur noch elf Prozent der westdeutschen Bevölkerung zum Essen betet. Mehr werden es in den vergangenen zwanzig Jahren nicht geworden sein. Und das, obwohl es ein großes Angebot an Tischgebet-Büchlein oder Tischgebet-Würfeln gibt, die auch gekauft werden. „Ein Ausdruck des schlechten Gewissens", vermutet der Theologe Guido Fuchs, der sich wissenschaftlich mit dem Tischgebet befasst hat. Denn eigentlich wissen wir ja, dass – wie es in einer modernen Vertonung des Vaterunsers heißt – „unser Brot und was wir sonst zum Leben brauchen" mit Gottes Schutz und Liebe zu tun hat. Wir vertrauen ihm und darauf, dass die schlimmen Zeiten des Hungers

und der Not nicht zu uns zurückkehren. Manche praktizieren den Brotsegen oder das Tischgebet immer noch. Trotz des Überflusses. Und es ist nicht die schlechteste Idee, um seinem täglichen Gottvertrauen Ausdruck zu geben.
In einer alten chassidischen Geschichte heißt es:

*Rabbi Mosche von Kobryn fragte einmal seine Anhänger: „Wisst ihr, wo Gott zu finden ist?" Auf ihr Schweigen hin nahm er ein Stückchen Brot, zeigte es herum und sagte: „Gott wohnt in diesem Stück Brot. Ohne dass Gott seine Kraft in allem Geschaffenen wohnen ließe, würde dieses Stück Brot in Nichts zerfallen."*

**Das Zuhause**

Kürzlich las ich in der Zeitung eine Meldung über einen Mann, der von seiner Heimatstadt ausgezeichnet wurde, weil er seit 92 Jahren im gleichen Haus lebt. In dem Haus, in dem er auch geboren wurde, denn es ist sein Elternhaus. „Warum hätte ich wegziehen sollen?", antwortete er auf die Frage nach seiner ungewöhnlichen Treue. „Hier ist mein Zuhause!"
Diese Sesshaftigkeit ist sicher ungewöhnlich und heute im Zeitalter der Mobilität oft auch gar nicht mehr möglich. Aber es zeigt doch, wie sehr sich Menschen mit der Wohnung oder dem Haus, in dem sie leben, verbunden wissen. „Wohnst du noch oder lebst du schon?", wirbt eine große Möbelmarktkette – und sie trifft den Nagel auf den Kopf. In einem „echten Zuhause" wohnt man nicht nur zufällig und vorübergehend, man lebt dort. Und wenn man einmal ein Zuhause gefunden hat, möchten viele dort möglichst lange bleiben.
Doch das Zuhause ist bedroht. Relativ unproblematisch ist es noch, wenn der Beruf einen Umzug erforderlich macht und eine Familie die gewohnte Umgebung verlassen muss. Schlimmer

wird es, wenn lang anhaltende Arbeitslosigkeit zu Armut führt. Nicht selten sind Menschen irgendwann total überschuldet und ihr Haus, ihr Eigentum wird zwangsversteigert. Zum Zuhause gehören außerdem nicht nur die eigenen vier Wände. Noch entscheidender sind die Menschen, die dort miteinander leben. Wenn etwa Familien auseinanderbrechen oder Ehen geschieden werden, wird ein Zuhause zerstört, selbst wenn niemand die Wohnung demoliert oder die Möbel zu Kleinholz macht. Viele Faktoren können dazu führen, dass man sein Zuhause verliert. Gottvertrauen hilft, der Angst davor zu begegnen.

*Die Nachbarn staunten nicht schlecht. Dass in ihrem Neubaugebiet in einem Vorort Hamburgs eine Einweihungsparty stattfand, daran waren sie ja gewöhnt. Aber jetzt waren sie zu einer Haussegnung eingeladen. Der katholische Pfarrer würde auch kommen, hieß es, und man erinnerte sich, dass die nette neue Nachbarin ja aus einer katholischen Gegend zugezogen war. Nur ihrem Mann hörte man das Norddeutsche an. Also, wie sollte man sich da wohl benehmen? Wie kleidet man sich zu so einem Ereignis? Bringt man Geschenke mit? Gibt's was zu essen und einen norddeutschen Klaren, oder muss man sich mit Weihwasser begnügen?*
*Kurz gesagt: Es wurde eine schöne Fete. Eigentlich ganz ähnlich den anderen Einweihungspartys. Nur dass sozusagen Gott gebeten wurde, mit einzuziehen. Weihwasser gab es. In jedem Zimmer wurde es versprengt und außen bekamen die Fundamente auch einiges ab. Dazu wurden Lieder gesungen: „Komm, bau' ein Haus, das uns beschützt, pflanz' einen Baum, der Schatten wirft und beschreibe den Himmel, der uns blüht, und beschreibe den Himmel, der uns blüht." Und der Pfarrer betete im Namen aller: „Blicke in Güte auf dieses Haus und verleihe ihm deinen Segen. Erhöre die Bitten seiner Bewohner und schenke ihnen Friede und*

*Freude, Erfolg in ihren Unternehmungen und Schutz vor allen Gefahren. Schenke ihnen Anteil an den Gütern des Lebens und öffne ihr Herz für die Not des Nächsten."*
*Danach wurde gefeiert. Mit Grillwürstchen und dem Klaren aus dem Norden. Und man munkelt, dass manche Nachbarn, die diese Tradition der „Haussegnung" so gar nicht kannten, zueinander sagten: „Gottes Segen für unser Haus: Das könnten wir auch gebrauchen."*

Die Geschichte ist wirklich geschehen. Freunde von mir haben sie erlebt und ich habe im Radio davon erzählt. Selten habe ich so viele Reaktionen auf einen Hörfunk-Beitrag bekommen. „Haussegnung – eine tolle Idee. Könnten wir das wohl auch machen ..." Die Hörerinnen und Hörer haben wie die Nachbarn vor Ort gemerkt: Dass unser Haus ein echtes Zuhause wird, das liegt nicht nur in unserer Hand. Gott möge bei uns wohnen, ihm vertrauen wir unser Leben an, denn, wie es im biblischen „Brief an die Hebräer" heißt: „Jedes Haus wird von jemand erbaut; der aber, der alles erbaut hat, ist Gott." (Hebräerbrief, Kapitel 3, 4).

Eine andere Tradition der Haussegnung hat übrigens in den letzten Jahren stark zugenommen: der Sternsinger-Segen, der jedes Jahr rund um das Fest der Heiligen Drei Könige von Kindern in die Häuser gebracht wird. „C + M + B" schreiben sie an die Türpfosten, abgekürzt für Christus mansionem benedicat, zu deutsch: Christus segne dieses Haus. Nach vorn und hinten kommt die Jahreszahl, ein Jahressegen sozusagen, der allen gilt, die dieses Haus betreten: „Der Friede sei mächtig, der Hass sei verbannt – das wünschen die Weisen aus dem Morgenland.“

**Der Straßenverkehr**

Millionen Menschen benutzen täglich das Auto – und fast alle tun es in der Zuversicht, heil und gesund wieder auszusteigen. Dabei ist die Wahrscheinlichkeit, im Straßenverkehr schwer verletzt oder gar getötet zu werden, gar nicht so gering. Denn laut Statistik sterben in der EU mehr Menschen im Straßenverkehr als an Krebs. Deutschland steht in der Summe der Verkehrstoten noch relativ gut da. Dennoch sind die Zahlen alarmierend. Im April 2007 beispielsweise – einem schönen, sonnigen Monat – starben auf Deutschlands Straßen 478 Menschen, rund 41.000 wurden verletzt. In den vergangenen Jahren lag die Zahl der Verkehrstoten immer um die 5100, wobei weniger als die Hälfte der Autofahrer betroffen sind. Im Verhältnis zur Anzahl der Fahrzeuge sind Motorradfahrer am stärksten gefährdet, aber auch Fahrradfahrer oder Fußgänger tragen ein Risiko – alle eben, die ohne Knautschzone auskommen müssen und bei denen Kollisionen oft schlimm ausgehen. Zu Recht haben Eltern deshalb mitunter Sorge um ihre Kinder. Sie bewegen sich weniger sicher in unserem immer komplexer werdenden Straßenverkehr, können die anderen Fahrzeuge schlechter sehen und schätzen Geschwindigkeiten falsch ein. Auch nicht zuletzt auf Grund ihrer geringen Körpergröße werden Kinder von Autofahrern leicht übersehen.

Dennoch, in der Regel gehen wir angstfrei aus dem Haus und schicken auch die Kinder allein zur Schule. Wenn mich ein beruflicher oder privater Termin auf eine längere Autofahrt schickt, verschwende ich keinen Gedanken daran, ob ich meinen Mann und meine Kinder am Abend oder am nächsten Tag wiedersehe. Es ist ein gesundes Vertrauen ins Leben, das uns diese Seite des Alltags bestehen lässt. Ohne dieses Grundvertrauen ginge es nicht. Menschen mit Flugangst wissen, was es bedeutet, wenn dieses Grundvertrauen fehlt. Und auf das Fliegen kann man ja noch verzichten. Dagegen sind Menschen, die sich ständig vorstellen, was im Verkehr passieren kann, praktisch unfähig, das Haus zu verlassen.

Das gesunde Vertrauen ins Leben wird bei gläubigen Menschen ergänzt durch ihr Gottvertrauen. Kleine Zeichen machen das deutlich. Etwa die Christophorus-Figur, die am Autoschlüssel hängt oder am Armaturenbrett klebt. Auch ich selbst habe so eine, solange ich Auto fahre. Ich nehme sie gar nicht wahr, aber sie wird von Auto zu Auto treu mitgenommen – und passiert ist mir noch nie etwas.

*Christophorus, so erzählt die Legende, war ein Hüne, außergewöhnlich an Größe und Kraft. Weil er so stark war, wollte er nur dem mächtigsten aller Könige dienen. Als er einen mächtigen König gefunden hatte und mit ihm durch die Lande zog, merkte er, dass dieser König immer zusammenzuckte, wenn der Name des Teufels fiel. „Ja", gab der König zu, „ich fürchte mich vor dem Teufel, er ist mächtiger als ich."*
*Da ging Christophorus, der damals noch einen anderen Namen trug, weg. Er fand den Teufel in der Wüste. Er hatte die Gestalt*

*eines schwarzen Ritters mit wilder Kohorte, und Christophorus reihte sich ein. Bis er merkte, dass der Teufel jedes Mal, wenn er ein Kreuz sah, zusammenzuckte. „Ja", gab der Teufel zu. „Dieses Kreuz steht für Christus, und er ist mächtiger als ich." Da ging Christophorus weg, um Christus zu suchen und ihm zu dienen. Eines Tages kam er zu einem Einsiedler. Der diente Christus, indem er fastete und betete. „Das kann ich nicht", meinte Christophorus. Also trug ihm der Einsiedler auf, als Fährmann zu arbeiten: Der Hüne trug Menschen auf seiner Schulter über einen gefährlichen Fluss, nur auf einen Stab gestützt. Eines Nachts hörte er in der Dunkelheit eine Stimme rufen. Zuerst entdeckte er nichts, aber dann sah er ein Kind, das hinübergetragen werden wollte. „Kein Problem", dachte Christophorus. Doch als er mit dem Kind auf der Schulter ins Wasser stieg, wurde seine Last immer schwerer und schwerer. Er fürchtete zu ertrinken und glaubte, die ganze Welt läge auf seiner Schulter. Mit letzter Kraft rettete er sich an das andere Ufer. Dort sagte das Kind: „Mehr als die Welt hast du getragen. Der Herr, der die Welt erschaffen hat, war deine Last." Dann drückte das Kind den Fährmann unter Wasser, taufte ihn und gab ihm den Namen Christophorus – Christusträger. Als Beweis für seine Macht steckte Christus den Stab in die Erde. Am nächsten Tag sollte er grünen und blühen. Und so geschah es und Christophorus diente mit all seiner Kraft nur noch dem einen Herrn.*

*Christophorus gilt in der katholischen Kirche als Nothelfer. Ein Blick auf ihn sollte vor einem plötzlichen Tod schützen, weshalb eine große Christophorus-Figur in manchen Domen in die Nähe des Eingangs gestellt wurde. In ihrer alltäglichen Geschäftigkeit eilten die Menschen vorbei und erhaschten doch durch die offenen Tore einen Blick auf den Heiligen. Ein Schutz gegen den plötzlichen Tod – so ist die Christophorus-Plakette wohl ins Auto gekommen.*

Dass der Straßenverkehr gefährlich ist, hat auch viele Gemeinden auf die Idee gebracht, einmal jährlich – oft zu Beginn der Ferienzeit – eine „Fahrzeugsegnung“ anzubieten. Autos, Motorräder, Fahrräder, selbst Dreiräder, Bobbycars und Roller stehen dann auf dem Kirchplatz, um Gottes Segen zu erhalten. Natürlich bekommen nicht die Fahrzeuge selbst den Segen, sondern die Menschen, die damit unterwegs sind. Gleichzeitig wird deutlich, dass Gottvertrauen kein magischer Schutzmantel ist. Gottvertrauen fordert auch zum eigenen Handeln auf. Im Segensgebet heißt es:

*Gott, segne diese Fahrzeuge und beschütze alle vor Unglück und Schaden, die sie in Beruf und Freizeit benutzen. Bewahre sie vor Unfällen und schenke ihnen stets eine glückliche Heimkehr.*
*Gib, dass wir im Straßenverkehr allzeit verantwortungsbewusst bleiben. Mach uns rücksichtsvoll und hilfsbereit, damit wir in allem, was wir tun, deine Zeugen sind.*

Wie wichtig den Menschen Gottes Segen im Straßenverkehr ist, zeigen auch die Autobahnkirchen. Einunddreißig gibt es in Deutschland, von Kavelsdorf in der Nähe von Rostock im Norden bis nach Leutkirch im Süden. Die meisten sind mit Rastplätzen verbunden und werden gemeinsam von der örtlichen katholischen und evangelischen Kirche betreut. Ein Relikt aus der Vergangenheit sind sie nicht, denn als in Niedersachsen die A 31 – der sogenannte „Ostfriesenspieß“ – vom Ruhrgebiet bis nach Emden zu Ende gebaut wurde, hat man auch eine Autobahnkirche eingeplant. Im Jahr 2000 wurde sie eröffnet. Autobahnkirchen haben gewöhnlich 24 Stunden geöffnet und wer jemals eine besucht hat, weiß, dass sie auch genutzt werden. Manche Reisende wollen einfach nur eine Weile das Gedröhne

der Autobahn vergessen. Sie lesen in der Bibel, die dort zu finden ist, tragen eine Bitte oder einen Dank in das ausliegende Anliegen-Buch ein. Gerade diese Bücher zeugen davon, dass die Hoffnung auf „glückliche Heimkehr“ eben doch nicht ganz so selbstverständlich ist. Und dass manch einer ahnt, wem er oder sie zu danken hat, wenn es trotz einer Unaufmerksamkeit gerade noch mal gut gegangen ist. Eine Kerze anzustecken, gehört deshalb für viele Besucherinnen und Besucher dazu.
Auch immer mehr Flughäfen richten übrigens Gebetsräume ein. Teilweise, wie etwa am Hamburger Flughafen, sind dort sogar Seelsorger vor Ort, die man ansprechen kann. Sie berichten natürlich nicht nur von Flugängsten oder Wünschen nach einem Reisesegen. Vielmehr sind mit einer Reise, mit dem Unterwegssein, oft andere Unsicherheiten verbunden. Wird zu Hause alles gut gehen, wenn ich weg bin? Wird meine Dienstreise ein Erfolg, so dass ich in meiner Firma wieder fester im Sattel sitze? Wird der Urlaub helfen, unsere Ehe neu zu beleben? Werde ich in meinem Heimatland, in das ich nun zurückkehre, neue Lebensmöglichkeiten finden? In diesen Alltagsfragen suchen Menschen Gottvertrauen. Sie suchen es in sich, aber manchmal eben auch in einer Autobahnkirche, in einem Andachtsraum, im Lesen der Bibel, im Gebet, im Gespräch mit Seelsorgern. Und sie hoffen darauf, dass Gott mitreist: ganz konkret bei der anstehenden Fahrt, aber auch sonst auf dem Lebensweg.

### Die Kinder

„Wie kann man heute noch Kinder kriegen? In dieser Zeit mit Arbeitslosigkeit, Klimaveränderung und Bedrohung durch den weltweiten Terrorismus!“ Manche Menschen, die so argumentieren und ihre Kollegen, Nachbarn oder Freunde, die das erste,

zweite oder dritte Kind bekommen, mit großen Augen anstarren, meinen es durchaus ernst. Dass sie selbst keine Kinder haben, hat nicht nur mit Egoismus oder Bequemlichkeit zu tun. Es ist manchmal schiere Angst. Angst vor der eigenen Zukunft, Angst vor der Verantwortung, Angst überfordert zu sein. Sich selbst wird man schon durchs Leben kriegen. Aber Kinder? Werden wir ihnen überhaupt eine lebenswerte Welt hinterlassen? Diese Sorgen gibt es und da ist auch etwas dran. Man könnte aber auch sagen: Menschen, die sich von diesen Sorgen überwältigen lassen, fehlt es schlicht an Gottvertrauen.
Und in der Tat zeigen Statistiken, dass dort mehr Kinder geboren werden, wo der Glaube mehr beheimatet ist. Auf dem Land zum Beispiel, in muslimischen Familien, in betont christlichen Gegenden wie dem Landkreis Cloppenburg, der deutschlandweit mit seiner Kinderquote herausragt. Wohlgemerkt: Gottvertrauen ist nicht das einzige Argument, und auch ungläubige Menschen bekommen Kinder. Aber Gottvertrauen hilft. Es hilft, sich für Kinder – vielleicht sogar für mehrere Kinder – zu entscheiden, und es hilft, manche Durststrecke in der Familie durchzustehen.

**Kinder kriegen**

Kinder zu bekommen ist die natürlichste Sache der Welt und für manche auch die einfachste. Andere tun sich schwer. Die ungewollte Kinderlosigkeit ist für immer mehr Leute ein Problem. Denn wenn sich Enddreißiger dazu entschließen, doch noch ein Kind zu wollen, spielt die Biologie nicht immer mit. Manche Frauen erleiden gleich mehrere Fehlgeburten, bei anderen klappt es gar nicht. Sie nehmen mitunter medizinische Möglichkeiten bis hin zur künstlichen Befruchtung in Kauf – und erleiden Fehlversuche. Schätzungsweise jedes siebte Paar ist heute ungewollt kinderlos. Schätzung, weil man darüber nicht spricht. Zu sehr hängt daran der Makel des Versagens. Die psychische Belastung, der Druck auf die Paare und insbesondere auf die Frauen kann dabei enorm hoch werden. Ursula Richard ist beim Bistum Münster Ansprechpartnerin für ungewollt kinderlose Paare. Sie weiß um die Leiden der Paare, aber auch, worauf es ankommt, wenn man sich letztlich damit abfinden muss, kein leibliches Kind zu bekommen. „Die Paare müssen lernen, dass Kinderlosigkeit etwas ist, was ihnen schicksalhaft auferlegt worden ist", sagte sie in einem Interview mit den Kirchenzeitungen der Verlagsgruppe Bistumspresse. „Es geht hier vor allem um die Frage der Bestimmung: Wie kann ich, wie können wir als Paar trotzdem fruchtbar sein." Ihrer Erfahrung nach spielt das Vertrauen auf Gott in diesem Prozess eine große Rolle. „Menschen, denen ich begegne, erleben oft schwere Krisen und tragen Verletzungen davon. Ich bin überzeugt, dass Gott hilft, das in etwas Positives zu wenden. Es ist ein Geschenk, wenn ein Mensch seinen Weg findet. Aus mir das zu machen, was ich werden sollte, auch wenn ich es nicht immer wollte oder wusste – darum geht es."

Andere Menschen haben andere Sorgen. Wenn es geklappt hat, und eine Frau glücklich schwanger ist, dann stellt sich die mehr oder weniger bange Frage: Ob wohl alles gut geht? „Freuen Sie sich erst richtig, wenn Sie das Kind im Arm haben", sagte mir mein Arzt, als ich mit unserem ersten Kind schwanger war. Das klang nach übertriebenem Pessimismus, aber der Mann hat eben seine Erfahrungen. Und auch jenseits der Gesundheit von Mutter und Kind kommen in der Schwangerschaft manchmal Unsicherheiten auf. Wie wird es wohl werden mit Kind? Werden wir es schaffen, finanziell und als Paar? Wird mein Partner überhaupt zu mir stehen? Wie geht es beruflich weiter? Worauf werden wir verzichten müssen? Hoffnung und Freude mischen sich nicht selten mit leiser Sorge.

Gottvertrauen kann helfen. Die Zusage: Gottes Kraft ist bei euch und bei eurem Kind. Im Meppener Krankenhaus Ludmillenstift wird deshalb einige Male im Jahr eine Segensfeier für werdende Mütter und Väter angeboten. Durch Lieder, Gebete, biblische Texte und den persönlichen Zuspruch soll der Segen Gottes erfahrbar werden. Und das Vertrauen soll wachsen, dass dem Kind und den Eltern ein glückliches Leben beschieden ist – wie immer es kommen mag.

Und dann ist es da, das Kind, und die Eltern lernen in den ersten Wochen das Leben neu kennen. Sie lernen, mit wie wenig Schlaf man auskommen kann und wie es ist, wenn sich alles nur um das Baby dreht. Wenn Verdauung oder Zähne im Mittelpunkt des Gesprächs stehen, wenn das erste Lächeln das viele Schreien versüßt. Eltern lernen, wie es ist, wenn ein kleines Bündel Mensch vollständig abhängig ist, wenn Verantwortung keine Minute des Tages aufhört, wenn man sich in unbestimmter Angst nachts ans Bett schleicht, weil das Kind sich seit Stunden nicht gerührt hat.

In solchen Situationen kommen bei manchen längst vergessene religiöse Wurzeln an die Oberfläche. Können wir es wirklich allein schaffen? Ein bisschen Segen von oben könnte doch wirklich nicht schaden, ein Schutz fürs Leben, ein guter Geist für die Seele. Sollen wir unser Kind vielleicht taufen lassen? Seelsorger berichten immer wieder darüber, dass die diffuse

Suche nach Segen für das Kind, der kleine Rest Gottvertrauen in den Herzen der Eltern, nicht selten der Hauptgrund für die Bitte um die Taufe ist. Lange Jahre haben sich viele Taufeltern nicht in der Kirche blicken lassen. Aber jetzt, für dieses kleine, hilflose Kind, erbitten sie den Segen Gottes. Eben weil sie spüren, dass es hilft, darauf zu vertrauen, dass man nicht ganz allein auf das Kind aufpassen muss und dass man selbst gestärkt wird. In einem Gebet zur Taufe heißt es:

*Gott, segne dieses Kind und hilf' uns ihm zu helfen,*
*dass es sehen lernt mit seinen eigenen Augen:*
*das Gesicht seiner Mutter und die Farben der Blumen und den Schnee auf den Bergen und das Land der Verheißung.*
*Gott, segne dieses Kind, und hilf' uns, ihn zu lehren,*
*dass es hören lernt mit seinen eigenen Ohren:*
*auf den Klang seines Namens, auf die Wahrheit der Weisen, auf die Sprache der Liebe und das Land der Verheißung.*
*Gott, segne dieses Kind, und hilf' uns, ihm zu helfen,*
*dass es gehen lernt mit seinen eigenen Füßen:*
*auf den Straßen der Erde, auf den mühsamen Treppen, auf den Wegen des Friedens in das Land der Verheißung.*
*Gott, segne dieses Kind, und hilf' uns, ihm zu helfen,*
*dass es lieben lernt mit seinem ganzen Herzen.*

*(Gotteslob, Nr. 636)*

**Kinder erziehen**

Mit den Jahren wird manches leichter, anderes schwerer. Aus den süßen Kleinen werden zumindest zeitweise unerträgliche Trotzköpfe, zappelige Frechdachse oder hochnäsige Zicken. Lieb hat man sie immer noch, aber manchmal kommen

Eltern doch an den Rand von Kraft und Nerven. Fruchtet die Erziehung überhaupt? Machen wir vielleicht alles falsch? Geht die Pubertät jemals zu Ende? Erziehung, so scheint es in gewissen Phasen des Lebens, ist ein täglicher Kampf, und das Ideal der gewaltlosen Herzenserziehung ist schon lange dem Prinzip von Befehl und Strafe gewichen. „Kinder brauchen Grenzen", sagen Pädagogen, und die Eltern sind es, die die Grenzen setzen und gleichzeitig als strenge Zöllner darauf achten, dass niemand unbefugt die Grenzen übertritt.

Und das ist nur das normale Chaos. Viel schlimmer ist es, wenn Kinder oder Jugendliche Wege gehen, die Eltern wirklich nicht akzeptieren können. Wenn sie mit Alkohol, Nikotin oder gar Drogen herumprobieren. Wenn sie Werte wie Ordnung, Fleiß oder Pflichterfüllung rundheraus ablehnen. Wenn sie die Schule oder Ausbildung abbrechen oder mit falschen Freunden abhängen. Erziehung, so scheint es, ist schwerer geworden, denn das partnerschaftliche Modell von Familie fordert die Eltern mehr heraus als das frühere Gehorsamsmodell. Noch schwerer wird es für die Familien, in denen es aus anderen Gründen schwierig ist, die arm sind, getrennt, geschieden, dort, wo Kinder viel sich selbst und dem Fernseher überlassen bleiben, wo eine gemeinsame Mahlzeit unbekannt und ein liebevolles Miteinander selten ist.

Es ist deshalb kein Wunder, dass Erziehungsberatung boomt. Die Regale in den Buchhandlungen sind voll von Ratgebern vom Babyalter bis in die Pubertät. Die Beratungsstellen haben oft lange Wartezeiten, und im Fernsehen haben Formate wie die „Super-Nanny“ große Einschaltquoten. Doch so unverzichtbar professionelle Hilfe manchmal ist und so wichtig gewisse Tipps und Tricks im Umgang mit dem Nachwuchs sind, manchmal braucht es einfach ein Stück Gelassenheit; es braucht Gottvertrauen, dass auch die schwierigsten Phasen gemeinsam überwunden werden können, weil es etwas gibt, was die Familie zusammenhält. Es gibt deshalb nicht wenige Eltern, die gerade in heiklen Phasen täglich für ihre Kinder beten. Sie wissen, dass sie manchmal machtlos sind, dass ihr Einfluss bei allem guten Willen begrenzt ist. Da hilft es, auf den guten Geist Gottes zu vertrauen, der wirkt – auch wenn man es nicht immer sieht. Der die gute Saat, die die Eltern ausgestreut haben, aufgehen lässt – auch wenn es lange dauert. So jedenfalls verspricht es Jesus in einem Gleichnis. Jesus sagte zu seinen Jüngern:

*Mit dem Reich Gottes ist es so, wie, wenn ein Mann Samen auf seine Acker sät. Dann schläft er und steht wieder auf, es wird Nacht und wird Tag, der Samen keimt und wächst, und der Mann weiß nicht wie. Die Erde bringt von selbst ihre Frucht, zuerst den Halm, dann die Ähre, dann das volle Korn in der Ähre.*

*(Markus, Kapitel 4, 26-28)*

Es genügt, zu säen. Wachsen tut es mit Gottes Hilfe von ganz allein. Dieses Gleichnis hat schon vielen Eltern geholfen. Übrigens auch dann, wenn die Kinder irgendwann von dem Gottvertrauen, das die Eltern trägt, nichts mehr wissen wollen oder die Kirche, die den Eltern wichtig ist, verlassen. Gottes Geist wirkt – und „der Mann (und die Frau) weiß nicht, wie.“

**Kinder loslassen**

„Eure Kinder sind nicht eure Kinder", sagt der Schriftsteller Khalil Gibran. „Sie kommen durch euch, aber nicht von euch. Und obwohl sie mit euch sind, gehören sie euch doch nicht." Diese Sätze stehen auf so mancher Karte, die zur Geburt verschickt wird. Und es stimmt. Auch wenn die Kinder noch ganz klein sind: Die Zeit kommt, wo man sie loslassen muss, und es nützt, das schon früh zu trainieren.

Beginnen kann man schon, wenn die Kinder klein sind. „Das könnte ich nicht!", sagten andere Eltern, als sie hörten, dass mein Mann und ich alleine verreist sind und unsere Kinder bei den Großeltern ließen. „Ich würde vor Sorge und Sehnsucht vergehen." Andere bekennen voller Stolz: „Wir lassen unsere Kinder nicht aus den Augen" oder: „Wir wissen immer, was unsere Kinder gerade machen." Das Handy ist in der Beziehung eine Pest, sagen Pädagogen. Sie erweitern nämlich nicht die Freiheit der Jugendlichen, sondern schränken sie ein. Eltern können ständig anrufen und fragen, wo die Kinder gerade sind und was sie tun. Und sie fordern regelmäßige Anrufe, etwa aus dem Ferienlager oder dem Zelt-Wochenende mit Freunden. Früher haben meine Eltern tage- oder wochenlang nichts von mir gehört, wenn ich mit den Pfadfindern unterwegs war; heute sind die Eltern quasi immer dabei. Das klammert, statt zu befreien.
In der Tat ist es nicht leicht, loszulassen, schließlich meinen die Eltern immer genau zu wissen, was für ihre Kinder das

Beste ist. Sie glauben, die Stärken und Schwächen der Söhne und Töchter zu kennen, die Chancen und Gefahren, die das Leben bietet. Freundschaften werden gefördert oder gebremst, je nachdem, ob die Eltern den auserwählten Kumpel oder die beste Freundin für passend halten. Manche Eltern versuchen das ein Leben lang. Sie drängen die Kinder in einen Beruf, den sie für passend halten, üben Druck aus, wenn die erste Liebe die scheinbar falsche ist. „Junge Bäume muss man stutzen, damit sie gerade wachsen", sagt ein Lehrer in dem Kultfilm „Die Feuerzangenbowle" über seine Abiturienten. Aber wann hören die Bäume auf, jung zu sein?

*Jesus war weg. Mit seinen Eltern war er zum Feiertag nach Jerusalem hinaufgepilgert. Fromme Juden machten das ab und zu, auch wenn der Weg weit und unbequem war. Die Familie hatte die vorgeschriebenen Opfer gebracht, hatte im Tempel gebetet und in der Stadt das ein oder andere eingekauft. Jetzt war man zurück auf dem Weg nach Hause, nach Nazareth. Eine große Wandergruppe war das, auch Verwandte Jesu, Cousinen und Cousins, waren dabei. So machten sich die Eltern keine Sorgen, dass sie den Zwölfjährigen unterwegs nicht sahen. „Den jungen Leuten geht es bestimmt nicht schnell genug", dachten sie. Doch am vereinbarten Übernachtungsplatz fanden sie Jesus nicht. Auch als längst alle Nachzügler eingetroffen waren, war Jesus nicht dabei. „Es wird ihm doch nichts passiert sein", fragte Maria voller Sorge und Josef entschied: „Es hilft nichts: Wir müssen zurück und den Jungen suchen." Obwohl die Nacht hereinbrach, machten die beiden sich auf den Rückweg. Doch unterwegs fanden sie nirgendwo eine Spur ihres Sohnes. „Vielleicht ist er ja in Jerusalem geblieben", machten sie sich Mut, als sie gegen Morgen die Stadtmauern sahen.*

*In Jerusalem war es leer geworden, die Pilger waren fort, die Festtage vorbei. Maria und Josef klapperten vergeblich alle Herbergen ab. Drei Tage lang liefen sie die Straßen auf und ab, fragten nach und verzweifelten immer mehr. „Wo sollen wir noch suchen?", klagte Maria am Mittag des dritten Tages müde. „Sollten wir nicht besser nach Nazareth zurückkehren? Vielleicht ist er längst dort?" Josef nickte. „Einmal gehe ich noch zum Tempel. Ich werde für ihn beten, und dann machen wir uns auf den Weg."*
*In der Vorhalle des Tempels saßen wie immer die Gelehrten und diskutierten über die Auslegung der Heiligen Schrift. Josef streifte sie im Vorübergehen nur mit einem Blick, als er plötzlich erstarrte. Mitten unter den Männern saß Jesus und diskutierte mit. Der Zwölfjährige! Noch nicht mal seine „Bar Mizwa", seine Eingliederung in die Gemeinde der Männer, hatte er gefeiert und saß da unter den Schriftgelehrten und dachte nicht daran, welche Sorgen sich seine Eltern machten. Wütend ging er in die Vorhalle, zerrte Jesus heraus und brachte ihn zu seiner Mutter. „Junge, wie konntest du uns das antun?", fragte sie. „Dein Vater und ich sind vor Angst fast gestorben!" Doch Jesus verstand nicht, was sie meinte. „Warum habt ihr mich gesucht. Ich war doch nur im Haus meines Vaters."*

*(nach Lukas, Kapitel 2, 41-49)*

Loslassen. Den Weg zur Schule allein gehen lassen. Bei Freunden übernachten lassen. Allein ins Ferienlager fahren lassen. Eigene Entscheidungen treffen lassen. Den Beruf frei wählen lassen. Ausziehen lassen. Weggehen lassen. Dazu gehört Vertrauen. Vertrauen zunächst in die eigenen Kinder. Vertrauen in ihre Freunde. Und Vertrauen zu Gott, der die Kinder in der Hand hält, wenn wir sie nicht mehr halten können. „Fürchte dich nicht. Ich habe dich bei deinem Namen gerufen, du bist mein“, sagt Gott beim Propheten Jesaja. Wer daran glaubt, kann ohne Furcht loslassen, seien die Kinder klein oder groß.

**Jeder Tag in Gottes Hand**

„Wer an Glück glaubt, der hat Glück“, sagt Friedrich Hebbel. Nicht wenige Menschen tragen deshalb Glücksbringer mit sich herum. Einen alten Pfennig, ein getrocknetes Kleeblatt, einen besonderen Stein, eine Muschel, die man bei einem schönen Urlaub gefunden hat, ein kleines Bild der Liebsten in einem Medaillon. Die wenigsten trauen diesen Gegenständen wohl magische Kräfte zu. Es ist eher die schöne Erinnerung, die Kraft gibt oder Mut macht, eine Situation zu bestehen.

„Schau, was ich hier habe“, sagt der Mann, der mir gegenübersitzt, und holt aus seiner Hosentasche eine kleine Hand aus Bronze. In die Hand kauert sich – wie ein kleines Kind – ein Mensch. „Das trage ich immer bei mir. Es lässt mich nicht vergessen, dass ich in Gott geborgen bin.“ Die Hand spielt an auf einen Abschied beim Propheten Jesaja. „Kann denn eine Frau ihr Kindlein vergessen, eine Mutter ihren Sohn? Und selbst wenn sie ihn vergessen würde: Ich vergesse dich nicht. Sieh her, ich habe dich eingezeichnet in meine Hände.“ (Jesaja, Kapitel 49, 15-16). Immer wenn er in die Hosentasche greift, wird mein Bekannter daran erinnert. Das stärkt das Gottvertrauen, das ist etwas, woran man sich festhalten kann. Im wahrsten Sinne des Wortes.

Mit dem Segensengel ist es ebenso. Auch er ist aus Bronze hergestellt, ein Handschmeichler, den man gerne berührt. Erfunden hat ihn der Verein „Andere Zeiten“ in Hamburg. Im Jahr 2000 hat der Verein, der eigentlich durch seine Kalender zum

„Anderen Advent“ bekannt geworden ist, einen „Segenskoffer“ zusammengestellt. „Damit wollten wir ein Zeichen setzen gegen die Untergangsstimmung zur Jahrtausendwende“, erzählt Pastor Hinrich Westphal, der „Andere Zeiten“ gegründet hat. Herzstück des Koffers war ein kleiner bronzener Segensengel, der im Kloster Maria Laach hergestellt wird. Die Idee hat eingeschlagen: 700.000 Engel wurden inzwischen verschickt. „700.000 Engel sind 700.000 Schicksale und Geschichten“, sagt Westphal, der seinen Verein als seelsorgliches Angebot versteht und oft am Telefon lange Gespräche mit Menschen führt, die eigentlich nur den Engel bestellen wollten. „Die Engel gehen in die Gefangenen- und Krankenseelsorge oder werden, wenn die Sprache versagt, Sterbenden in die Hand gelegt“, weiß er. Und sie werden zum täglichen Begleiter für ganz normale Menschen, die im Blick auf den Engel im Regal, in der Handtasche oder auf dem Schreibtisch spüren: Gott ist da – mitten im Alltag. Kleine Glücksbringer helfen, das eigene Gottvertrauen nicht zu vergessen.

Genauso kann das tägliche Morgen- und Abendgebet helfen. Es muss ja nicht lang sein. Ein Kreuzzeichen am Morgen auf der Bettkante, begleitet vom Gebet „Gott, segne diesen Tag“ oder ein müdes „Danke für alles“ im Bett, dann wenn die Augen schon fast zufallen. Wer das tagtäglich tut – vierzig, fünfzig, sechzig Jahre lang – der wird merken, dass beten wirkt. Dass Gottvertrauen den Alltag verändert, dass es Ruhe schafft, Gelassenheit, Sicherheit. Augustinus sagt: „Unruhig ist unser Herz, bis es ruht, o Gott, in dir.“ Die Wahrheit dieses Satzes ist im Alltag abzulesen.

## *ZUM NACHDENKEN*

Denken Sie einmal in Ruhe über Ihren Alltag nach:

- Was belastet Sie besonders?
- Was gefällt Ihnen besonders?
- Haben Sie Rituale, die zum Alltag gehören?
- Gibt es eingeplante Ruhezeiten?
- Ist Ihr Alltag eher ruhig oder eher hektisch?
- Würden Sie gern etwas verändern, wenn Sie könnten?
- Fühlen Sie sich durch den Alltag manchmal überfordert?
- Gibt es Momente in Ihrem Alltag, wo regelmäßig Angst oder Unsicherheit entsteht?

Der Alltag – besonders in einer Familie – strukturiert sich vor allem durch Schule, Beruf, Verpflichtungen und Verabredungen im Bereich Hobby oder Freunde und ist ohne Terminkalender für die meisten gar nicht mehr zu bewältigen. Bestimmte Eckpunkte können helfen, vom Tag nicht überwältigt zu werden.

**Der Start:** Wer mit Hektik den Tag beginnt, ist oft schon atemlos, ehe die Arbeit begonnen hat. Wie ist der Start in den Tag bei Ihnen? Nehmen Sie sich Zeit für Frühstück und Gespräche? Haben Sie oft schon morgens Streit im Haus? Gibt es Möglichkeiten, mehr Ruhe in den Tagesbeginn zu bringen? Suchen Sie danach, wenn Sie unzufrieden mit Ihrem Start in den Tag sind!

**Der Rhythmus:** Gibt es in Ihrem Alltag einen Rhythmus von Aktion und Kontemplation, von Stress und Pause? Haben Sie zu bestimmten Zeiten feste Rituale wie zum Beispiel die gemütliche Tasse Kaffee nach dem Mittagessen, das Plaudern mit den Kindern auf der Bettkante, der kleine Sherry bei Musik vor dem Schlafengehen? Rituale können dem Tag eine Struktur geben, die bei aller Hektik Haltepunkte sind. Wenn Sie welche haben, helfen Sie sich und anderen.

**Das Ende:** Schlafen Sie oft vor dem Fernseher ein und schleppen sich dann nur noch ins Bett? Oder haben Sie oft den Kopf noch voll und können nicht einschlafen? Haben Sie abends eine Phase des Abschaltens, stehen Sie bis zur letzten Minute unter Strom – oder lassen sich durch Film und Fernsehen unter Strom setzen? Kindern hilft es, wenn in der letzten halben Stunde die Tagesgeschwindigkeit sinkt. Ihnen hilft ein kurzer Rückblick auf das Erlebte und eine kurze Vorschau auf den kommenden Tag. Ihnen hilft es, die Schultasche gepackt und die Kleidung herausgesucht zu haben. Würde Erwachsenen nicht Ähnliches helfen?

Mir sagte ein Priester einmal: „Ich verstehe, dass Sie nicht viel Zeit zum Beten haben. Aber versuchen Sie es doch mal wie ich morgens beim Zähneputzen. Das sind immerhin zwei Minuten!“

Haben Sie in Ihrem Alltag Zeit für Gott?

* Im Gebet – allein oder in der Familie?
* In kurzen Gedanken am Morgen oder Abend?
* Im Griff zur Bibel?
* Im Besuch einer Kirche?
* Beim Autofahren, Abwaschen oder bei der Gartenarbeit?
* Könnten Sie sich vorstellen, regelmäßig etwas Zeit einzuplanen, damit das Gottvertrauen im Laufe der Jahre nicht verloren geht?

In einem Kirchenlied heißt es über Gott: „... der uns vom Mutterleib und Kindesbeinen an, unzählig viel zu gut bis hierher hat getan".

* Haben Sie Situationen erlebt, in denen Sie sich von Gott begleitet wussten?
* Wo setzen Sie im Alltag Ihre Hoffnung auf Gott?
* Wo zweifeln Sie im Alltag an Gottes Güte?
* Hat er Ihnen bis hierher unzählig viel Gutes getan?

In der Hektik des Alltags nehmen wir manchmal nicht mehr wahr, wie schnell die Zeit vergeht. Schon wieder Silvester, schon wieder ein runder Geburtstag. Vielleicht kann dieses Gebet dem Gottvertrauen im Alltag Ausdruck geben:

*Meine Zeit steht in deinen Händen,*
*nun kann ich ruhig sein, ruhig sein in dir.*
*Du gibst Geborgenheit, du kannst alles wenden,*
*gib mir ein festes Herz, mach es fest in dir.*

*Sorgen quälen, werden mir zu groß.*
*Mutlos frag ich: Was wird Morgen sein?*
*Doch du liebst mich, du lässt mich nicht los.*
*Vater, du wirst bei mir sein.*

*Hast und Eile, Zeitnot und Betrieb*
*nehmen mich gefangen, jagen mich.*
*Herr ich rufe: Komm und mach mich frei!*
*Führe du mich Schritt für Schritt.*

*Es gibt Tage, die bleiben ohne Sinn,*
*hilflos seh' ich, wie die Zeit verrinnt.*
*Stunden, Tage, Jahre gehen hin,*
*und ich frag, wo sie geblieben sind.*

*Meine Zeit steht in deinen Händen.*
*Nun kann ich ruhig sein, ruhig sein in dir.*
*Du gibst Geborgenheit, du kannst alles wenden.*
*Gib mir ein festes Herz, mach es fest in dir.*

*(Peter Strauch)*

Foto: Yakov Stavchansky · www.fotolia.de

# GOTTVERTRAUEN …

# … IM BERUF

*„Ein jeder Mensch arbeitet im Auftrag Gottes,*
*die meisten ohne es zu wissen“*
*(Paul Ernst)*

## *PORTRÄT*

Noch vor wenigen Jahren hätte Georg Pützer wohl nicht vermutet, dass sein Beruf einmal so gefährlich werden würde. Georg Pützer ist katholischer Priester und die Kirche kein besonders lebensgefährliches Unternehmen. Doch seit sieben Jahren hat er eine besondere Aufgabe: Georg Pützer arbeitet als Militärseelsorger und begleitet Soldatinnen und Soldaten zu ihren Auslandseinsätzen. Kabul, Kundus, Kongo – nicht gerade gemütliche Standorte. „Unsere Leute sind alle hervorragend ausgebildet“, ist sich der Pfarrer sicher. „Aber das Restrisiko ist trotzdem erheblich.“
Restrisiko: Das sind Anschläge, Selbstmordattentate, Raketenbeschuss, Rebellenhinterhalte, Entführungen, Minen. Oder Unfälle, Unglücke, Defekte, die bei der Fallschirmjäger-Brigade,

für die Georg Pützer zuständig ist, leicht tödlich enden können. Oder gesundheitliche Gefahren. Oder psychische Belastungen, die manche ihr ganzes weiteres Leben mit sich tragen. „Fallschirmjäger sind die, die zuerst irgendwo hingehen und zuletzt wieder weggehen." Und das in Einsatzgebieten, „wo es nicht so ganz ruhig zugeht". Zurück in Deutschland bleiben der Freund, die Ehefrau, die Kinder. Das macht die Sorgen umso größer. Was passiert, wenn mir was passiert? Denn dass was passiert, ist im Soldatenberuf wahrscheinlicher als bei Buchhaltern, und Todesnachrichten hat Georg Pützer schon häufiger überbringen müssen. „Da stehe ich dann und sage die Worte, die das Leben der Familie für immer verändern", sagt er, und: „Das ist für jeden, der es tun muss, der Horror. Daran gewöhnt man sich nie."

Soldat, ein gefährlicher Beruf, und wenn man sie sieht, hat man hat oft den Eindruck: ein Beruf für coole Typen. Brauchen solche Typen Gottvertrauen, wenn sie in den Einsatz gehen? Oder verlassen sie sich nur auf ihre gute Ausbildung, auf sich selbst und ihre Kameraden? „Unsere Soldaten würden selten sagen, dass sie Gottvertrauen brauchen", meint Pützer. „Aber sie bringen oft Sätze wie: ‚Sag dem lieben Gott mal, er soll auf mich aufpassen!' und ‚Wenn du mit uns fliegst, kann ja nix passieren' und ‚Du betest doch für uns, oder?'" Auch zu den Gottesdiensten kommen im Einsatz Leute, „die am Standort oder zu Hause nie gehen würden". Einmal natürlich wegen der Abwechslung von der harten Routine, aber eben auch, „weil es guttut". Fast jeder trägt außerdem die gesegnete „Michaels-Plakette" bei sich, Sankt Michael, das ist der Patron der Fallschirmjäger. „Viele unserer Soldaten sind aus dem Osten und nicht getauft", erzählt der Militärpfarrer. „Wenn ich sie dann frage: ‚Warum nimmst du die Plakette mit?', dann antworten sie: ‚An was soll ich mich denn sonst festhalten?'." So manch Archaisches käme da zum Vorschein, aber eben auch die Ahnung: Nur gutes Soldatenhandwerk reicht hier nicht; ein bisschen Gottvertrauen hilft, die extremen Belastungen besser zu überstehen. Und für manche ist es sogar mehr als „ein bisschen" Gottvertrauen. Sie entscheiden sich, dass sie vor Ort in Kundus, Kabul oder im Kongo getauft werden wollen. „Das erleben wir in praktisch jedem Einsatz." Gottvertrauen wächst eben, wenn es gebraucht wird.

Es sind aber nicht nur die Gefahren für Leib und Leben, die den Soldatenberuf so schwierig und das Gottvertrauen so notwendig machen. Einer der schwierigsten Einsätze, meint Georg Pützer, sei der in Banda Aceh gewesen: die Aufräumarbeiten nach der Tsunami-Katastrophe zu Weihnachten 2004. „Was die Soldaten dort gesehen haben, war für die Seele viel gefährlicher", sagt der Seelsorger. Wo ist Gott? Wie kann er das zulassen? Ist jedes Gottvertrauen nicht widerlegt angesichts dieses Elends? Solche Fragen kamen dort ganz verschärft. Und die Antwort? „Gott ist trotzdem da. Er ist gerade jetzt da!" Aber das kann man eben nur glauben. Oder es ausprobieren. „Glaube und Gottvertrauen ist wie Fallschirmspringen", meint der Theologe, der durch seine Arbeit selbst zum Springer und zum Flieger wurde. „Ich weiß zwar, dass ich meinen Fallschirm gut gepackt habe, dass die Luft trägt und die Physik auf meiner Seite ist. Aber erleben kann ich es nur, wenn ich den Sprung ins Ungewisse wage und spüre: Das, was ich nicht sehe, das trägt."

Der, den Georg Pützer nicht sieht, trägt ihn auch selbst in den Einsätzen in Krisengebieten. „Ich bereite mich auch gut vor, mache Kurse etwa zum Umgang mit Minen oder Sicherheitsstandards." Vor Ort bewege er sich vorsichtig, nur auf befestigten Straßen, gehe kein Risiko ein, „denn ich will auch heil zurückkommen". Ängstlich geht er aber nicht durch den Tag. „Ich weiß, dass Dinge passieren können, die ich nicht ändern kann. Aber was passiert, das passiert in Gottes Händen." Dieses Gottvertrauen bringt eine gewisse Gelassenheit in das gefährliche Berufsleben. „In Afghanistan mussten wir in Räumen schlafen, die gegen Beschuss gesichert sind. Manchmal hat es nachts dann gescheppert, aber wenn nichts passiert ist, bin ich schnell wieder eingeschlafen." So vertrauensvoll tief, dass er manchen Zwischenfall sogar verschlafen hat. Sein Ruhekissen: das Nachtgebet der Kirche. „Ich bete abends das klassische Breviergebet: ‚Eine ruhige Nacht und ein gutes Ende gewähre mir der allmächtige Herr'. Das hilft." Auch anderen, denen das Gottvertrauen weniger geübt von den Lippen kommt und die es doch brauchen und deshalb ihren Seelsorger schon gefragt haben: „Kannst du das für mich mitmachen?" Klar. Kann er. Macht er. Voll Gottvertrauen für sich und andere.

***Nachwort:***

*Nur zwei Wochen nach unserem Gespräch sind in Kundus drei Bundeswehrsoldaten beim Einkauf auf dem Markt durch einen Selbstmordattentäter getötet worden. Wer das weiß und trotzdem diesen Beruf ausübt, muss wohl entweder blind oder voll Gottvertrauen sein.*

## *ZUR SACHE*

Nein, Gottvertrauen ist es wohl nicht, was man zuerst mit dem Stichwort „Beruf" in Verbindung bringt. Eher eine gute Ausbildung, Fleiß, Sorgfalt, Flexibilität und Einsatzbereitschaft. Oder auch Stress, Ärger, Frustration. Und dennoch, wenn man näher hinschaut und die professionelle Job-Fassade ankratzt, entdeckt man Teile des Berufslebens, über die kaum jemand spricht.

**Bauern – auf die Natur angewiesen**

Am ehesten vielleicht noch die Bauern. Natürlich überlassen auch sie heute nichts mehr dem Zufall. Für die richtige Zusammensetzung von Saatgut, Dünger oder Futter, für Anbauvarianten und beste Zuchtergebnisse, für Wässerung und Vermarktung braucht man heute ein Studium. Wer einmal mit einem Bauern über die Praxis der Landwirtschaft, über Technik und Chemie spricht, wird höchstens jedes zweite Wort verstehen. Und doch bleibt vieles unwägbar. So berichtete mir der emsländische Bauer Laurenz Meyer, der vor allem Mais anbaut: „Bei uns fängt das schon an mit Fasanen und Wildschweinen. Die fressen manchmal Reihe für Reihe das Saatgut weg. Dann kommt das Unkraut, das zwischen den Maispflanzen wächst und ihnen die Nährstoffe nimmt. Es gibt auch Krankheiten, die sich im Boden befinden, wenn man lange auf demselben Feld anbaut. Schließlich das Wetter: Durch Sturm und Hagelschauer können in kurzer Zeit ganze Felder vernichtet werden und wenn es bei der Ernte regnet, ist die Qualität nicht so wie gewünscht."

Tiere, Wetter, Unkraut. Schon Jesus kannte die gleichen Probleme. Im Gleichnis vom Sämann erzählt er:

*Ein Sämann ging aufs Feld, um zu säen. Als er säte, fiel ein Teil der Körner auf den Weg, und die Vögel kamen und fraßen sie. Ein anderer Teil fiel auf felsigen Boden, wo es nur wenig Erde gab, und ging sofort auf, weil das Erdreich nicht tief war; als aber die Sonne hoch stieg, wurde die Saat versengt und verdorrte. Wieder ein anderer Teil fiel in die Dornen, und die Dornen wuchsen und erstickten die Saat. (Matthäus, Kapitel 13, 3-7)*

Für den emsländischen Landwirt ist deshalb eines klar: Ein Teil seiner Arbeit liegt in Gottes Hand. Er sagt: „Ja, vieles ist in Gottes Hand, vor allem, weil wir stark vom Wetter abhängig sind. Deshalb beten wir auch für eine gute Ernte, segnen in Bittprozessionen die Felder und halten eine Hagelprozession ab." Diese religiösen Formen gibt es seit Urzeiten und sie haben sich trotz aller Technisierung erhalten: Bitte, Gebet, Gottvertrauen, ohne das der Landwirt kein Korn in die Erde geben sollte. In vielen Gegenden, gerade in katholischen, gibt es dazu feste Traditionen. Häufig werden etwa in den Tagen vor Christi Himmelfahrt, den sogenannten Bitt-Tagen, Flurprozessionen durchgeführt: Die Felder werden mit Gebet und Gesang und manchmal mit Weihwasser umschritten. An einzelnen Stationen lesen die Gläubigen in der Bibel über die Wohltaten und den Schutz Gottes und halten Fürbitte für eine gute Ernte. Manchmal wird auch ein Kreuz oder eine Heiligenfigur mitgeführt. Im katholischen Messbuch steht außerdem der „Wettersegen", der in ländlichen Gegenden zwischen Frühjahr und Herbst regelmäßig zum Einsatz kommt. Dort heißt es:

*Gott, der allmächtige Vater segne euch und schenke euch gedeihliches Wetter; er halte Blitz, Hagel und jegliches Unheil von euch fern. Amen.*

*Er segne die Felder, die Gärten und den Wald und schenke euch die Früchte der Erde. Amen.*
*Er begleite eure Arbeit, damit ihr in Dankbarkeit und Freude gebrauchet, was durch die Kräfte der Natur und die Mühe des Menschen gewachsen ist. Amen.*

Was ist das nun? Aberglaube? Magie? Gottvertrauen? Vermutlich mischt sich dort manches. So gab es im Mittelalter bestimmt magische Praktiken, wenn man etwa Kreuze aus Osterfeuer-Holz in die Äcker steckte, Heiligenbilder über die Felder trug oder schweren Gewitterwolken die Monstranz mit dem Leib Christi entgegenhielt. Ganz sicher kann man mit Gebeten keinen „Donnergott" beschwichtigen oder den „Wettergott" gnädig stimmen. Dass Bauern dennoch das Beten nicht verlernt haben, weist auf etwas anderes hin: Sie stellen sich und ihre Arbeit in einen größeren Zusammenhang. Sie danken für das tägliche Brot, das wir bisher empfangen haben. Sie werten die kleinen Wohltaten des Alltags als Zeichen der bleibenden Güte und Gegenwart Gottes. Und sie bitten vertrauensvoll darum, dass Gott sie, ihre Arbeit und das, was Grundlage ihrer Arbeit ist, segnen möge. Eine vertrauensvolle Bitte, die letztlich in das Erntedankfest mündet – ganz gleich, ob die Ernte besonders groß oder eher klein ausgefallen ist.

**Seeleute – auf See in Gottes Hand**

„Auf hoher See und vor Gericht ist man in Gottes Hand." Dieser flapsige Spruch wird heute meist von Rechtsanwälten

benutzt, die ihrer Sache nicht allzu sicher sind. Seeleute dagegen sind oft sicher: Auch moderne Containerschiffe, die von Technik strotzen, sind Wind und Wellen ausgeliefert. Die Seemannsmissionen in den großen Häfen der Welt wissen deshalb von Gottesdiensten an Bord zu berichten, von Kreuzen und Heiligenfiguren, die gesegnet werden sollen, von Dank- und Bittgebeten, von Schiffssegnungen, die, anders als die Taufen von Kreuzfahrtschiffen, einen religiösen Charakter haben.
Denn die Gefahren auf See sind immer noch groß. Jedes Jahr sterben Matrosen bei Stürmen, bei Unfällen, bei Überfällen von Piraten, die es auch heute noch gibt. Andere kommen dank der Seenotrettung mit dem Leben davon. Auch Paulus hat solche Hochsee-Erfahrungen gemacht:

*Paulus war Gefangener, Gefangener der römischen Besatzer. Der Prozess sollte ihm gemacht werden, weil er ein religiöser Eiferer war, ein Aufwiegler, ein politischer Störenfried. Doch der örtliche Fürst war machtlos: Paulus war „römischer Bürger", appellierte an den Kaiser und unterstand somit der Gerichtsbarkeit in Rom. Die Reise dort war mühsam. Widrige Winde trieben im Mittelmeer umher, so dass an eine Weiterfahrt nicht zu denken war. Besser würde es jetzt im Herbst wohl auch nicht werden, und so war Überwintern angesagt. Nur wo? Die Seeleute suchten einen ruhigen Hafen auf Kreta. Und als nach ein paar Tagen Sturm ein leichter Südwind aufkam, verließen sie ihren sicheren Hafen und machten sich auf den Weg.*
*Doch der Sturm kehrte zurück. Heftiger und gewaltiger als zuvor. Zu machen war nichts. Nur der Treibanker hielt das Schiff vor dem Wind. Drei Tage ging das so, dann warfen die Matrosen Ballast ab. Doch weiterhin zeigten sich weder Sonne noch Sterne, und der heftige Sturm hielt an. Niemand wollte mehr essen, allen*

*schwand die Hoffnung auf Rettung. Allen, außer Paulus. Er trat vor die Seeleute hin und sprach: „Männer, ich ermahne euch: Verliert nicht den Mut! Niemand von euch wird sein Leben verlieren, nur das Schiff wird untergehen. Denn in dieser Nacht ist ein Engel des Gottes, dem ich gehöre und dem ich diene, zu mir gekommen und hat gesagt: ‚Fürchte dich nicht, Paulus! Du musst vor den Kaiser treten. Und Gott hat dir alle geschenkt, die mit dir fahren.' Habt also Mut, Männer! Denn ich vertraue auf Gott, dass es so kommen wird, wie es mir gesagt worden ist."*
*Und natürlich hatte Paulus Recht mit seinem Gottvertrauen, das übrigens niemand an Bord teilen mochte. Nach zwei Wochen Sturm in der Adria war endlich Land in Sicht. Doch als die Männer versuchten, das Schiff in einer flachen Bucht zu stranden, bohrte sich der Bug ein und das Heck begann, auseinanderzubrechen. Da half nur schwimmen. Teils auf Schiffsplanken, teils auf anderen Trümmern. Alle 276 Schiffbrüchigen überlebten. Dank des Gottvertrauens des Paulus.*

*(nach Apostelgeschichte, Kapitel 27)*

Ein kleines Schiff auf großer See. Aus gutem Grund ruft in der katholischen Seemannsmission „Stella Maris" in Hamburg eine Glocke zum Gottesdienst, die von Tauchern aus einem gesunkenen Schiff geborgen wurde. Aus gutem Grund lädt sie in vielen Sprachen die Seeleute ein, zu beten:

*Gott, Herr über Wellen und Meer,*
*strecke deine segnende Hand über alle Seeleute aus.*
*Gib mir Kraft für ein christliches Leben auf unserem Schiff.*
*Ich möchte keinen enttäuschen, der an Bord von mir Hilfe erwartet.*
*Beschütze meine Familie daheim.*

*Auch wenn ich lange von ihr getrennt bin, möchte ich mich immer mit ihr verbunden wissen.*
*Hilf mir und allen Seeleuten, immer den rechten Kurs zu halten und den sicheren Hafen zu erreichen. Amen.*

**Die Physiker – Naturwissenschaft als Ersatz für Gott?**
Naturwissenschaftler sind die, die nur an das glauben, was sich sehen, beweisen, messen lässt. Sie haben gegen den Protest der Kirche bewiesen, dass die Erde nicht der Mittelpunkt der Welt ist, sie haben die Evolutionstheorie an die Stelle der Schöpfungsgeschichte gesetzt. Sie sind quasi das Gegenbild zum bibelfesten Gläubigen. Oder nicht?
Herausragende Physiker sehen das anders. Werner Heisenberg etwa, ein Gründervater der modernen Atomphysik, der für seine Unschärferelation den Nobelpreis erhielt. Er sagte wohl aus eigener Erfahrung: „Der erste Trunk aus dem Becher der Naturwissenschaft macht atheistisch. Aber auf dem Grund des Bechers wartet Gott." Oder Albert Einstein, für den Naturwissenschaft und Glaube geradezu zusammengehören. „Naturwissenschaft ohne Religion ist lahm, Religion ohne Naturwissenschaft ist blind", hat er einmal gesagt. Und es stimmt wohl. Eine Religion, die vor wissenschaftlichen Ergebnissen die Augen verschließt, die früher leugnete, dass die Erde nicht der Mittelpunkt des Universums ist oder heute Kindern verbietet, die Evolutionstheorie zu lernen, die wird zur Sekte, zur Heimat der Verblendeten. Und Naturwissenschaftler, die stets dem Fortschritt hinterherrennen, ohne zuzugeben, dass

es ein letztes Geheimnis gibt, werden am Ende ihres Lebens hinkend die Wahrheit verfehlt haben. Ans Ziel kommen der Blinde und der Lahme nur zusammen. Oder, wie Einstein es formulierte: „Ich forsche, weil ich wissen möchte, wie Gott die Welt erschaffen hat."

Olle Kamellen, mögen Sie sagen. Werner Heisenberg und Albert Einstein gehören schließlich einer Generation von Physikern an, die heute längst ausgestorben ist. Nehmen wir also ein moderneres Beispiel: Günther Ewald, Professor für Mathematik, studierter Physiker und Chemiker und lange Jahre im Präsidium des Deutschen Evangelischen Kirchentages. In seinem Buch „Gibt es ein Jenseits? Auferstehungsglaube und Naturwissenschaften" weist er auf die grundsätzlichen Grenzen der Naturwissenschaften hin: „Strenggenommen enthält jedes Naturgesetz schon seine eigene Grenze. Wirklichkeit ist mehr als das wissenschaftlich Erfassbare. Die Erfolge der alten oder einer neuen Naturwissenschaft mögen noch so sensationell sein: Letzte Wahrheit über die Natur erfahren wir durch sie nicht. Dies ist nicht so, weil unsere Wissenschaft noch nicht weit genug gediehen ist. Vielmehr ist das die Begrenzung von Wissenschaft überhaupt." Und gleichzeitig der Raum für Gott. Oder der bekannte Psychotherapeut Horst-Eberhard Richter. Er schaut zurück auf das Zeitalter der Aufklärung und den Beginn des naturwissenschaftlich-technischen Denkens. Es war eine Zeit, in der man sich von Gott verabschiedete, weil man die Gesetze von Ursache und Wirkung entdeckte, weil man erfuhr, dass die Erde nur ein winziges Eckchen im unendlichen Weltraum und der Mensch nicht die Krone der Schöpfung ist. „Wenn aber der Mensch", so schreibt Horst-Eberhard Richter, „Gott nicht mehr haben konnte, musste er selber Gott werden. So entstand der moderne Fortschrittsmythos.“ Und dies letztlich aus einer tief innen liegenden „metaphysischen Verzweifelung“, wie der Philosoph Max Scheler sagte. Mit anderen Worten: Wer sein Gottvertrauen verliert, muss etwas anderes an die leere Stelle setzen: das Vertrauen in sich selbst, das Vertrauen in die Natur, das Vertrauen, dass alles, schlicht alles machbar ist.

Heute meinen nicht wenige, dass genau dieses verlorene Gottvertrauen Grundlage für die Ausbeutung von Mensch und Natur ist. Wenn unser kurzes Leben alles ist, wenn es keine Zukunft und keine jenseitige Verantwortung gibt, dann muss ich in meinem Leben alles schaffen, alles leisten, alles machen. Dann ist alles, was machbar ist, auch machenswert. Dann liegt Hoffnung nur in uns selbst und in der Forschung um jeden Preis. Doch immer mehr Wissenschaftler wollen diesen Weg nicht. Für sie ist Gottvertrauen ein Maßstab, sich selbst und die eigenen Forschungen zu relativieren. Und sie gleichzeitig durchzuhalten. Denn naturwissenschaftliche Forschung ist ein sehr mühseliges Geschäft, in dem nicht selten jahrelange Rückschläge zu verkraften sind, bevor ein Durchbruch gelingt.

**Medizinische Berufe – Arbeiten auf Leben und Tod**

Es gibt Berufe, da sind Fehler ärgerlich. Es gibt Berufe, da werden Fehler richtig teuer. Und es gibt Berufe, da können Fehler tödlich enden. Nur: Wo gearbeitet wird, da passieren Fehler. Leider.

Nehmen wir das Beispiel eines jungen Elternpaares. Ihr erstes, lang ersehntes Kind ist mit einem Herzfehler auf die Welt gekommen. Es muss in der Klinik überwacht werden und wenn der Herzschlag rasant wird, bekommt das Baby ein Medikament, das das Herz beruhigt. Eines Tages kommt ein Anruf: „Kommen Sie schnell. Ihrem Kind geht es schlecht." Was ist passiert? Niemand weiß es zunächst, nur, dass der Herzschlag unglaublich hoch ist und dass sich der kleine Körper nicht regulieren lässt. Dramatische Stunden, vielleicht Schäden am Gehirn, man weiß es noch nicht. Was die Ursache war, stellt sich später heraus: menschliches Versagen. Eine Krankenschwester hatte – als das Kleine wieder einmal Herzrasen bekam – zum falschen Medikament gegriffen und ein anregendes, statt des beruhigenden gespritzt. Bis diese Ursache erkannt wurde, war es fast zu spät.

Krankenhausseelsorger wissen, dass das medizinische Personal fast ebenso der Seelsorge bedarf wie die Kranken. In vielen Kliniken gibt es Gottesdienste, Diskussionsrunden, Einzelgespräche mit Ärzten, Krankenschwestern und Pflegern, in denen es immer wieder um diese Frage geht: Wie kann ich die Verantwortung tragen? Die Glücklichen unter ihnen ergänzen Ausbildung, Sorgfalt, Konzentration und Mühe mit Gottvertrauen. Denn das Vertrauen, das Gott hilft, führt zu Gelassenheit, die gerade in Zeiten großer beruflicher Anspannung so wichtig ist.

Und die andere brennende Frage in dieser Berufsgruppe: Wie kann ich mit Sterben und Tod leben, gerade in Extremsituationen wie etwa auf einer Kinderkrebsstation? Wie werde ich damit fertig, dass Kinder und ihre Familien leiden, dass mancher Kampf lang und doch vergeblich ist? Auf diesen Stationen arbeiten erfahrungsgemäß oft Menschen mit viel Gottvertrauen.

Menschen, die um die Kraft beten, ihr Möglichstes zu tun. Und um die Kraft, das Unmögliche zu ertragen in dem Wissen, dass Gott auch die Sterbenden trägt. Öffentlich machen Ärzte oder Pflegende ihre Gebete selten. Zu sehr klingt es nach Ohnmacht, nach mangelndem Selbstvertrauen, nach Todesurteil. Im Herzen aber beginnt so manch gefährliche OP mit einem vertrauensvollen Stoßgebet.

**Berufskraftfahrer – fahre nie schneller, als dein Schutzengel fliegen kann**

Kennen Sie noch die Sendung „Auf Achse", in der Manfred Krug einen Fernfahrer spielt, der mit seinem Kollegen in aller Welt unterwegs ist und die schwierigsten Situationen zu überstehen hat? Fernfahrer sind cool, war die Botschaft dieser kultigen Serie – und am Ende geht alles gut aus.
Das wahre Leben ist natürlich anders. Fernfahrer sind nicht immer cool, sondern haben einen der härtesten Jobs. Lange Fahrzeiten und ein hohes Maß an Konzentration, lange Abwesenheit von zu Hause, die Unwägbarkeiten der Straße und der fremden Länder.

Der ehemalige Weltklasse-Springreiter Paul Schockemöhle aus Mühlen in Niedersachsen verdient sein Geld heute als Unternehmer. Die LKWs der Spedition, die seinen Namen trägt, hat fast jeder Autofahrer schon auf Deutschlands Straßen überholt. 260 sind es, die jährlich rund 130 Millionen Kilometer zurücklegen. Paul Schockemöhle unterstützt, genau

wie Bundesverkehrsminister Wolfgang Tiefensee, die Idee des katholischen Offizialats Oldenburg, ein „Gebetbuch für Fernfahrer“ herauszugeben. „Es gibt doch keinen, der nicht schon einmal im Straßenverkehr Glück gehabt hat“, sagte Schockemöhle bei der Vorstellung der Aktion im Mai 2007, die auf seinem Gelände stattfand. Grund zu danken gebe es bestimmt. Zudem hoffte er, dass seine Fahrer durch das Gebet sicherer an ihre täglichen Aufgaben herangehen können.
Es geht um Gottvertrauen in einem harten Beruf. Gottvertrauen, dass alles gut geht, dass Laster und Fahrer heil und gesund nach Hause zurückkehren. Gottvertrauen, dass zu Hause alles in Ordnung ist, wenn die Fahrer nach manchmal langer Tour Frau und Kinder begrüßen wollen. „Routenplaner – Wer betet, ist nicht allein“, soll das Büchlein heißen, das Gebete von Fernfahrern, ihren Familien und Freunden sammelt. Denn dass hinterm Steuer gebetet wird, darin sind sich die Herausgeber einig. Und sicher haben sie Recht.

**Gottesdienst am Arbeitsplatz**

Der erste Mai ist bekanntlich der Tag der Arbeit, der Tag der Maikundgebungen, der Tag der Gewerkschaften. Immer häufiger finden am ersten Mai aber auch Gottesdienste am Arbeitsplatz statt. In der Fabrikhalle oder der Backstube, im Sauna-Betrieb oder der Polizeiwache, in der Schreinerei oder beim Friseur: Überall werden normale Arbeitstische zum Altar umfunktioniert, wird Maschinenlärm von Gesang abgelöst oder Staub von Weihrauch.

Pfarrer Winfried Motter aus Mettmann bei Düsseldorf feiert seit 1988 regelmäßig Gottesdienste am Arbeitsplatz. Damals, noch in seiner früheren Pfarrei in Monheim, sei er bei der Vorbereitung einer Gemeindemission auf die Idee gekommen, die allgemeine Arbeitswelt wieder mehr ins Blickfeld der Kirche zu rücken. „Geholfen hat sicher, dass ich in meinem ersten Beruf Chemielaborant war", sagt der gebürtige Berliner. „Da hatte ich keine Berührungsängste."
Motters Idee kam so gut an, dass er in der Monheimer Zeit etwa 80 Gottesdienste am Arbeitsplatz feierte. Als er vor vier Jahren nach Mettmann versetzt wurde, nahm er die Idee mit. „Und hier sind es auch schon wieder zwanzig." Auch deshalb, weil sich die „Kolpingfamilie", ein Verband, der von dem Kölner Priester Adolf Kolping im 19. Jahrhundert als Gesellenverein gegründet wurde, der Sache angenommen hat. Inzwischen fragen sogar Firmen an, ob sie auch einmal dran sind. „Der größte Knüller ist", erzählt Winfried Motter, „dass mich jetzt die Handwerkskammer angesprochen hat, ob ich bei der Lossprechung der Auszubildenden die Festrede halten möchte."

Wie erklärt sich der Priester diese Offenheit für seine Sache? „Ich sehe, dass es in Sachen Glauben nicht nur einen Schwund gibt, sondern auch ein Vakuum. Und dieses Vakuum will gefüllt werden." So kommt es, dass der Seelsorger in der Vorbereitung oft von Nöten und Problemen hört, dass die Firmen sich sehr einsetzen für ihren Gottesdienst und bei Nachbarn und Kunden viel Werbung machen und dass die Gemeinschaft der Mitarbeiter durch den Gottesdienst wächst. „Unternehmer, gerade die kleinen, fühlen sich oft alleingelassen mit ihren Sorgen. Da tut es einfach gut, mal zu spüren: Gott ist für dich da."

**„Kind, das doch nicht!" – Vom Gottvertrauen bei der Berufswahl**

„Kind, das doch nicht!", rufen Eltern besorgt aus, wenn Sohn oder Tochter sich eine vermeintlich brotlose Kunst als Beruf ausgesucht haben. Einer will Bildhauer werden, die andere Kunstgeschichte studieren. Eine versucht sich in Modedesign, der andere feilt an einer Karriere als Schauspieler. Oder als Entwicklungshelferin. Nehmen Sie mich. Ich wollte nach dem Abitur unbedingt Theologie studieren. Es war ein reines Neigungsstudium ohne berufliche Pläne. Ich wollte einfach alles wissen über Gott und die Bibel und die Kirchengeschichte, und ob das alles so stimmt, was unser Pastor erzählte. Nur auf die Frage: „Und womit willst du später deinen Lebensunterhalt verdienen", konnte ich nur mit den Schultern zucken. „Mal sehen. Wird sich schon was finden." Als Laie in den Gemeindedienst wollte ich jedenfalls nicht – und das wäre so ziemlich die einzige realistische Perspektive gewesen. Verständlich, dass Eltern wenig begeistert sind, wenn sie das hören, dass sie sich Sorgen machen, dass sie alles versuchen, um ihr Kind vom Weg in die berufliche Sackgasse abzubringen.

Ich habe mich nicht abbringen lassen. Wie dickköpfige Kinder nun mal sind. Ich wollte einfach nichts anderes. Und ich hatte

das Gottvertrauen, dass sich schon etwas ergeben werde. Später. Irgendwie. Nicht von selbst, nicht ohne Fleiß und Anstrengung, nicht ohne eigene Ideen, aber doch auf einem mir zu Beginn des Studiums noch unbekannten Weg. Manchmal muss man eben erst viele Schritte gehen, bis sich nach Kurven, Bergen und Tälern ein Ziel zeigt.
Sicher sind Zukunftschancen bei der Berufswahl ein wichtiges Argument. Doch Begeisterung für eine Sache, der Wille, sich mit allen Kräften dafür einzusetzen, eine gewisse Begabung sowie Standfestigkeit machen den Beruf erst zur Berufung. Denn Gott beruft nicht nur Menschen ins Priesteramt oder in den Orden. Gott ruft alle Menschen beim Namen. Er ruft sie in seinen Dienst. Nur wie dieser Dienst praktisch aussieht, das ist bei jedem anders. Es ist eben so, wie der Schriftsteller Paul Ernst sagte: „Ein jeder Mensch arbeitet im Auftrag Gottes, aber die meisten ohne es zu wissen."

Gottvertrauen hilft. Es hilft jungen Menschen Entscheidungen zu treffen, die auf den ersten Blick unvernünftig sind. Es hilft Eltern, diese Entscheidungen mitzutragen. Es hilft, den beruflichen Weg zu finden und zu gehen, zu dem Gott einen jeden und eine jede berufen hat.

**Ellenbogen raus – hilft Gottvertrauen bei der Karriere?**

Das Wirtschaftsleben ist hart. Viele konkurrieren um weniger werdende Arbeitsplätze. Immer streiten einige um die Gunst des Chefs und um den frei werdenden, besser bezahlten Job.

Und nur die wenigsten schaffen es nach oben, machen eine Karriere, die das Wort wirklich verdient. Auf welchem Weg? Ellenbogen raus? Einsatz bis zum Kollaps? Verfügbarkeit bis zur Ehescheidung? Welches Verhalten ist heute gefragt? Und macht Karriere eigentlich glücklich?

Ja, sie macht glücklich. Viele jedenfalls, und das ist auch gut so. Andere macht sie weniger glücklich. Burn-out-Syndrom ist nur ein Stichwort, das manche ereilt, die ohne Pause arbeiten, jahrelang, auf hohem Niveau. Irgendwann sind sie ausgebrannt, das berufliche Feuer ist erloschen, und nicht wenige sitzen außerdem in der Asche ihrer privaten Beziehungen. Was bleibt?

*Jesus sagte zu den Leuten: Gebt acht, hütet euch vor jeder Art von Habgier. Denn der Sinn des Lebens besteht nicht darin, dass ein Mensch aufgrund seines großen Vermögens im Überfluss lebt.*
*Und er erzählte ihnen folgendes Beispiel: Auf den Feldern eines reichen Mannes stand eine gute Ernte. Da überlegte er hin und her: Was soll ich tun? Ich weiß nicht, wo ich meine Ernte unterbringen soll. Schließlich sagte er: So will ich es machen: Ich werde meine Scheunen abreißen und größere bauen; dort werde ich mein ganzes Getreide und meine Vorräte unterbringen. Dann kann ich zu mir selber sagen: Nun hast du einen großen Vorrat, der für viele Jahre reicht. Ruh dich aus, iss und trink und freu dich des Lebens.*
*Da sprach Gott zu ihm: Du Narr! Noch in dieser Nacht wird man dein Leben von dir zurückfordern. Wem wird dann all das gehören, was du dir angehäuft hast? So geht es jedem, der nur für sich selbst Schätze sammelt, aber vor Gott nicht reich ist.*

*(Lukas, Kapitel 12, 15-21)*

Was für ein kluger Bauer, der strategisch an seine Altersversorgung herangeht. Und was für ein Dummkopf, der über all die Arbeit das Leben aufschiebt, bis es zu spät ist. Ein bisschen mehr Vertrauen in Gott und ein bisschen weniger in sich selbst hätte seinen Geschäften kaum geschadet, aber seinem Leben genutzt.

Erstaunlicherweise spricht sich das auch in Wirtschaftskreisen allmählich herum, dass eine Unternehmensphilosophie, die auf (christlichen) Werten und Normen beruht, keineswegs geschäftsschädigend ist. Immer mehr Unternehmen bekennen sich dazu. Etwa der Gründer der Unternehmensberatung Plansecur, Klaus Dieter Trayser. Er hatte im Finanzsektor eine richtig große Karriere hingelegt, aber trug dabei das ungute Gefühl mit sich herum, seine Werte morgens zusammen mit seinem Mantel an der Garderobe abzugeben. Um mehr Klarheit zu gewinnen, bat er einen Freund, ihn auf Schritt und Tritt in seinem Arbeitsalltag zu begleiten. Nach drei Tagen hatte der Freund genug gesehen. Sein Fazit: „Du kannst ein Piratenschiff nicht nach den Regeln der christlichen Seefahrt steuern." Also ging Trayser von Bord und gründete ein Unternehmen, in dem christliche Wertmaßstäbe auch im Arbeitsalltag gelten. Und das Unternehmen gedieh.
Oder die Handelskette Deichmann, deren Schuhgeschäfte in fast jeder Stadt zu Hause sind. Sie formuliert in ihrem Unternehmensleitbild ausdrücklich: „Die Familie Deichmann fühlt sich dem christlichen Menschenbild verpflichtet und ist

bestrebt, diesen Werten im betrieblichen Alltag zur Geltung zu verhelfen – wohl wissend, dass die Realität immer wieder hinter dem angestrebten Idealzustand zurückbleiben wird." Konkret heißt das: „Deichmann verwendet Teile seines unternehmerischen Gewinnes, um den Mitarbeitern zusätzliche Sozialleistungen bieten zu können. In gleicher Weise fühlt sich die Familie Deichmann aus christlicher Verantwortung verpflichtet, Menschen in Not im In- und Ausland zu helfen. In dem Maße, in dem es dem Unternehmen gut geht, ist auch Hilfe für andere möglich."

Beispiele gäbe es noch viele. Beispiele, die zeigen: Gewinnmaximierung ist nicht alles und Karriere um jeden Preis auch nicht. Um das zu wissen, braucht man natürlich kein Christ zu sein. Aber es hilft. Das Vertrauen auf Gottes Beistand und das Vertrauen auf ein Leben über den Tod hinaus relativiert manche berufliche Herausforderung und schafft gerade dadurch die Gelassenheit, die man braucht, um Erfolg zu haben.

## *ZUM NACHDENKEN*

Wenn Sie an Ihr Berufsleben denken oder an Ihr Berufsleben zurückdenken:

- Haben Sie eine Situation vor Augen, in der Sie Gott um etwas gebeten haben?
- Haben Sie eine Situation vor Augen, in der Sie Gott für etwas gedankt haben?
- Geben Sie Gott an der Firmentür ab oder kommt er mit hinein?
- Haben Sie jemals den Gedanken gehabt, an Ihren Arbeitsplatz ein Kreuz zu hängen?
- Was würde dieses Kreuz Ihnen bedeuten?
- Was würden Sie antworten, wenn Kollegen danach fragen?

Am Arbeitsplatz verbringen viele Menschen mehr Zeit als zu Hause, und der Wunsch, eine Arbeit zu haben, die Spaß macht, die zufrieden macht ist verständlicherweise hoch.

- Macht Ihnen Ihre Arbeit – auch wenn es „Familienarbeit" ist – Spaß?
- Ist Ihr Beruf eine Berufung?
- Haben Sie manchmal das Gefühl, genau das Falsche zu machen, doch Ihnen fehlt der Mut, etwas Neues zu beginnen?

* Oder ist Arbeit für Sie nur ein Mittel zum Lebensunterhalt und man sollte sie nicht geistig überhöhen?

Sich selbstständig zu machen ist in Zeiten von hoher Arbeitslosigkeit groß in Mode. Nur ist dieser Schritt mit nicht weniger großer Unsicherheit verbunden. Fast die Hälfte aller neuen Unternehmungen scheitert, weiß die Statistik. Unternehmenspleiten stehen fast täglich in den Zeitungen. Für alle, die den endlosen Kampf ums Firmenüberleben kennen, hat Rabbi Mosche Löb von Sasow eine Geschichte aufgeschrieben:

*Wir lesen im Talmud, dass die Rabbinen den Sinn des Verses „Wirf deine Sorgen auf den Herrn, und er wird für dich sorgen" (Psalm 55, Vers 23) nicht herausfanden, bis ein einfacher reisender Händler kam und ihn ihnen erklärte. Diejenigen Rabbinen, die ein jährliches Gehalt beziehen, verstehen es nicht, auf den Herrn zu vertrauen. Der Kaufmann dagegen, dessen Einkommen unregelmäßig ist und der so ständig Gottes Hilfe braucht, der begreift den Sinn des vollkommenen Vertrauens auf Gott.*

* Fehlt den Predigten von Kirchenleuten manchmal der Sinn für die Notwendigkeiten des Geschäfts?
* Hilft Gottvertrauen wirklich oder macht es nur zu viele geschäftliche Skrupel?

* Könnten Sie sich vorstellen, für Ihr Geschäft oder Ihr Unternehmen den Segen Gottes zu erbitten?
* Könnten Sie sich vorstellen, ein christliches Leitbild für Ihr Berufsleben zu entwickeln?

Jeder kennt das: Es gibt Geschäfte, Restaurants oder Kneipen, in die geht man gern, obwohl die Hose nicht billiger, das Steak nicht punktgenauer und das Bier nicht besser gezapft ist als anderswo. Aber irgendwie ist die Atmosphäre anders, freundlicher, herzlicher, persönlicher, vertrauensvoller. Vermutlich war das auch in der Dorfschänke so, die Rabbi Abraham Jehoschua Heschel von Apta einmal betrat. Der Rabbi erzählt:

*Als ich einmal in einer Dorfschänke abstieg, sah ich, dass der Wirt zwei Kassen für seine Einnahmen hatte und dass er alles Geld, das er einnahm, genau zwischen diesen beiden Kassen teilte. Da wurde ich neugierig und fragte, welchen Grund er dafür habe. Der Wirt antwortete: „Ich verlor einmal bei einer unglücklichen Unternehmung mein ganzes Vermögen, so dass ich mich gezwungen sah, meine Gaststätte aufzugeben. Meine Frau riet mir jedoch, mich nach einem Partner umzusehen und sie mit dessen Einlagen weiterzuführen. Als ich zu diesem Zweck in die Stadt reiste, hatte ich in einem Wald plötzlich die Eingebung, Gott zum Partner anzurufen und ihm zu versprechen, wenn er annähme, alle Einnahmen zwischen mir selbst und seinen Kindern, den Armen, zu teilen. Ich betete also – und da fand ich überraschend eine kleine Geldsumme auf der Straße. Das sah ich als Zeichen dafür an, dass mein Gebet erhört sei. Seit damals aber habe ich den Kontrakt mit Gott eingehalten, und es geht mir nicht schlecht dabei." Da pries ich das einfache Vertrauen, das der Wirt gegenüber Gott hatte und gab ihm meinen Segen.*

* Ist es albern, sein Vertrauen in geschäftlichen Dingen so sehr auf Gott zu setzen?
* Der Wirt teilt den Gewinn halbe-halbe mit den Armen: Wie viel geben Sie von Ihrem Gewinn?
* Was halten Sie vom biblischen „Zehnten"?
* „Es geht mir nicht schlecht dabei" – damit weist der Wirt auf seine geschäftlichen Erfolge hin.
* Kann es sein, dass Gottvertrauen eine gute Basis für wirtschaftlichen Erfolg ist?
* Haben Sie je die Erfahrung gemacht, dass Gottvertrauen sich auszahlt?

Foto: Aleksander · www.fotolia.de

# GOTTVERTRAUEN …

# … IN GEFAHR

*„Er weiß, dass Gottes Hand ihn hält,*
*wo immer ihn Gefahr umstellt …“*
*(nach Psalm 91)*

## *PORTRÄT*

Im Arbeitszimmer von Werner Wallert hängt eine große Weltkarte. Viele bunte Nadeln zeigen, wo der Erdkundelehrer schon überall war. „Die Philippinen sind auch dabei“, lacht er verschmitzt. Eigentlich wollte er dort aber gar nicht hin, sondern nur in den Osterferien 2000 zusammen mit seiner Frau Renate und dem jüngeren Sohn Marc einen schönen Tauchurlaub verbringen. Auf die malaysische Insel Sipadan östlich von Borneo sollte es gehen. „Ein traumhaftes Tauchgebiet“, sagt Wallert. Sogar verschiedenen Hai-Arten kann man dort begegnen – und an größere Gefahren als Haie dachte niemand. Dann kam der 23. April, der Ostersonntag. Ein wunderbarer Tag mit mehreren Tauchgängen und einem romantischen Sonnenuntergang. Zusammen mit anderen Touristen saßen die Wallerts abends am Meer und bewunderten den Sternenhimmel, als Boote auftauchten. Und gleich darauf waren sie von achtzehn schwer bewaffneten Männern umstellt, Moslem-Rebellen der Gruppe Abu Sayyaf, wie später klar wurde. „Die waren militärisch hoch gerüstet und richteten scharfe Waffen auf uns; da ist man schon beeindruckt“, erinnert sich Wallert. In kürzester Zeit hatten sie 21 Urlauber und asiatische Hotelangestellte in zwei hölzernen Longboats zusammengepfercht, Werner Wallert auf das eine, seine Frau und seinen Sohn auf das andere. „Die Boote waren rund zehn Meter lang und eineinhalb Meter breit und mit so vielen Menschen, Waffen und Diesel für die Motoren hoffnungslos überladen.“ Nicht viel mehr als eine Handbreit trennte den Bootsrand vom Meeresspiegel. „Wir hatten Glück, dass kaum Wind war – bei höheren Wellen wären wir alle abgesoffen.“

Zwanzig Stunden dauerte die Überfahrt ins Ungewisse, die auf der philippinischen Insel Jolo endete. „Damals haben wir noch gedacht, diese Entführung sei in ein, zwei Wochen zu Ende“, sagt Werner Wallert. Einen ebenfalls gefangenen Philippino, der meinte, so etwas würde normalerweise drei Monate dauern, habe man ausgelacht. „Bei dir vielleicht, aber hinter uns stehen große Länder.“ Frankreich zum Beispiel, Finnland, Deutschland, Südafrika – von überall her kamen die Touristen. Aber der Philippino behielt Recht: Erst Mitte Juli wurde Renate Wallert als eine der ersten Gefangenen freigelassen, vier Wochen später kehrte ihr Mann nach Deutschland zurück, schließlich am 9. September ihr Sohn Marc. Die Gefahr war vorüber.

Und die Gefahr war groß gewesen, obwohl sie nicht in erster Linie von den Entführern ausging. „Wir haben uns immer mit dem Gedanken getröstet, dass tote Geiseln nichts wert sind", erinnert sich der Göttinger Pädagoge, der unter dem Titel „Horror im Tropenparadies" sein „Tagebuch einer Entführung" veröffentlicht hat. Tagebuchschreiben auch deshalb, um sich abzulenken von der Langeweile des Tages und von den dunklen Gedanken. Denn Entführer seien eben nicht berechenbar, und immer wieder habe es Fälle gegeben, in denen einzelne Geiseln enthauptet wurden. „Direkt gedroht hat man uns damit aber nicht. Und sich so etwas immer auszumalen, wäre eine dumme Verhaltensweise." Schließlich gab es genügend reale Gefahren, darunter vor allem das philippinische Militär. „Wir waren im Bürgerkriegsgebiet und zweimal im Kreuzfeuer der verfeindeten Parteien." Ganz zersiebt von Schüssen waren die Hütten, in denen sie sich kurz zuvor aufgehalten hatten. „Das war absolut bedrohlich." Bedrohlich waren auch die vielen Wanderungen in andere Camps, oft bei Nacht. „Wir waren barfuß, und auf Jolo wimmelt es von unfreundlichen Tieren wie Schlangen und Skorpionen." Oder die Malaria. „Auf Sipadan gibt es keine Malaria, deshalb haben wir keine Prophylaxe gemacht. Aber auf Jolo ist sie weit verbreitet." Und als ob das genügte, kam das teilweise sehr dürftige Essen hinzu, das Schlafen auf dünnen Matten ohne Kissen, die Langeweile des Tages, die Ängste in der Nacht. Körperliche und seelische Strapazen. Wie hält man das durch?

„Mit Gottvertrauen", sagt Werner Wallert, denn Gottvertrauen war alles, was blieb. „Wenn man so gekidnappt wird, dann hat man nichts mehr im allerwörtlichsten Sinn." Nichts mehr als Unterhose, T-Shirt und Shorts. Keine Kontakte zur

Außenwelt. Keine Einflussmöglichkeiten. Niemanden, an den man sich wenden kann. Niemanden, außer Gott. „In der Nacht, als wir in diesen überladenen Booten saßen“, erzählt der 64-Jährige, „habe ich Gott um ein Zeichen gebeten, dass wir heil da rauskommen. Und dann sah ich drei ganz spektakuläre Sternschnuppen.“ Drei Sternschnuppen. Astronomen könnten sagen, wie hoch die Wahrscheinlichkeit ist, in diesen Breiten diese Himmelsphänomene in dieser Helligkeit zu sehen. Vielleicht ist sie hoch. Vielleicht auch nicht. Doch das interessiert den Göttinger Lehrer nicht. „Ich habe diese Sternschnuppen als das erbetene Zeichen gedeutet. Und in den ganzen Monaten habe ich mich nicht davon abbringen lassen.“ Keinen Zweifel habe er daran gehabt, dass Gott sie nicht „in irgendeinem Drecknest verrecken lassen“ würde. Dieses Gottvertrauen hat viel Kraft gegeben, die Strapazen unversehrt zu überleben. „Gottvertrauen hilft“, weiß Werner Wallert jetzt. Und: „Beten hilft!“ Das eigene Beten, das gemeinsame Beten mit denen in der Gruppe, die auch Christen waren. Und das Beten derer, die zu Hause hofften und bangten, wie der ältere Sohn Dirk. „In unserer Gemeinde gab es die ganze Zeit jeden Tag ein Fürbittgebet.“ Und das, obwohl die Wallerts vor sieben Jahren keine herausragenden Gemeindeglieder waren. „Wir haben im Chor gesungen und sind ab und an in die Kirche gegangen. Mehr nicht.“ Inzwischen ist die Bindung gewachsen. Werner Wallert ist im Kirchenvorstand seiner evangelischen Stephanus-Gemeinde und hat sich kürzlich sogar zum Vorsitzenden wählen lassen. „Obwohl ich davon keine Ahnung habe.“ Auch Einladungen in andere Gemeinden wurden angenommen. So predigte der theologische Laie in Halle an der Saale zur Jahreslosung 2006: „Gott spricht: Ich lasse dich nicht fallen und verlasse dich nicht.“ Das passte! Im Glauben gewachsen seien die Wallerts. Dankbar für ihr „zweites Leben", in dem vieles noch schöner geworden sei. Und gelassener in der Gewissheit: „Was auch geschieht: Wir sind in Gottes Hand." Diese Gelassenheit betrifft auch weitere Reisen. „Wir sind sorgfältig in der Auswahl der Ziele, aber wir reisen und tauchen weiter." Gottvertrauen ist eben ein gutes Mittel gegen Ängstlichkeit.

Genau deshalb, so Werner Wallert, beurteile er „diese ganze Erfahrung inzwischen positiv". Denn das Wissen, dass Beten geholfen hat, verändert. „Gottvertrauen ersetzt so manche Gewissheit", meint er. Deshalb bete er jeden Abend für die Entführungsopfer überall auf der Welt. Ob das nicht ein schwacher Trost sei, fragte ihn einmal ein „Stern"-Reporter. „Das glaube ich nicht", antwortete der evangelische Christ. „Ich bin sicher, dass das unblutige Ende unserer eigenen Geiselhaft auch den Gebeten unzähliger Unbekannter zu verdanken war." Und Gott, der „unsere Gebete 1:1 erhört hat". Denn dass die ganze Gruppe allen Gefahren von Malaria bis Schlangenbiss, von Maschinengewehrfeuer bis zur Exekution entgangen ist, „das kann nur auf Gottes Schutz zurückzuführen sein". Den hat im Übrigen Jesus seinen Jüngern mit Worten zugesagt, die für Familie Wallert und ihre Leidensgenossen nicht treffender formuliert sein könnten: „Seht, ich habe euch die Vollmacht gegeben, auf Schlangen und Skorpione zu treten und die ganze Macht des Feindes zu überwinden. Nichts wird euch schaden können" (Lukas, Kapitel 10, 19).

## *ZUR SACHE*

„Sind auch der Gefahren viel, die mich hier umtoben ...“, so heißt es in einem Kirchenlied. Erstaunlicherweise stammt der Text von 1963, erstaunlich deshalb, weil die Angst vor Gefahren zu dieser Zeit für die meisten nicht so sehr dem Lebensgefühl entsprach. Natürlich lauern Gefahren im Straßenverkehr, durch Kriminalität, durch Unfälle und plötzliche Krankheiten – aber „umtoben“ sie uns? Vielleicht ja!

### Terrorismus

Seit dem 11. September 2001 hat sich für viele das Lebensgefühl verändert. Die Gefahr durch den weltweiten Terrorismus ist näher gerückt, ist realer geworden. Auch in Deutschland halten sich Extremisten versteckt, auch Deutschland gilt als mögliches Ziel für Anschläge, und es hat ja auch schon gescheiterte Versuche gegeben, was etwa die Kofferbomben, die am 31. Juli 2006 in Regionalzügen in Köln und Dortmund gefunden wurden, zeigen. Es gibt neuerdings „Terrorismus-Experten“ im Fernsehen, die Passgesetze werden verschärft, das Demonstrationsrecht von Zeit zu Zeit eingeschränkt – alles im Sinne der Sicherheit. Die Bombenanschläge in den Pendlerzügen in Spanien und in der Londoner U-Bahn haben es deutlich werden lassen: Europa ist keine Insel des Friedens mehr, es gibt Gefahren für Leib und Leben.

Nicht anders im Ausland, auf Urlaubsreisen. Es ist noch nicht so lange her, dass Touristen in Ägypten und in der Türkei zu Tode kamen. Auf Djerba starben Urlauber beim Brandanschlag auf eine Diskothek. Das alles sind Länder, vor denen das Auswärtige Amt keineswegs warnt. Es sind „sichere Länder", so sicher, wie es heutzutage eben geht. Denn Terroristen gibt es überall, die sich durch die Entführung oder Ermordung von Ausländern etwas versprechen: Geld, Öffentlichkeit, eine Schwächung der eigenen Regierung. Die Gefahr, beim Bummel auf dem Markt, im Überlandbus oder sogar in der Hotelanlage zu Schaden zu kommen, ist ganz real.

Was also tun? Zu Hause hocken und abwarten? Manche Menschen tun das. Sie suchen in den eigenen vier Wänden Sicherheit vor den Gefahren des Lebens. Sie lassen ihre Kinder nicht aus den Augen aus Angst vor den Gefahren durch pädophile Straftäter. Sie haben wenig Vertrauen in das Leben und in die Menschen.

Andere weigern sich, ihr Leben auf Angst zu gründen. Sie verreisen in islamische Länder – trotz der Anschläge in der Vergangenheit und in dem Wissen, dass irgendwann irgendwo wieder Urlauber Opfer von Terrorismus werden. Sie benutzen Züge und U-Bahnen – obwohl öffentliche Verkehrsmittel nie perfekt geschützt werden können. Sind diese Menschen nun abgestumpft? Oder risikofreudig? Oder trotzig? Oder haben sie einfach nur Gottvertrauen? In einem Kirchenlied heißt es über Glaubende:

*Er weiß, dass Gottes Hand ihn hält, wo immer ihn Gefahr umstellt.*
*Kein Unheil, das im Finstern schleicht, kein nächtlich Grauen ihn erreicht.*

*Denn dies hat Gott uns zugesagt: Wer an mich glaubt, sei unverzagt.*
*Weil jeder meinen Schutz erfährt, und wer mich anruft, wird erhört.*

**Extremismus**
Er kommt von rechts und von links: der Extremismus, der sich bei uns breit macht. Oft bleibt er für die bürgerlichen Augen fast unsichtbar – und das macht die Gefahr nicht kleiner. Denn wer hinschaut, sieht sie schon: die Zelt- und Übungslager der Jugendlichen mit Glatzen und Springerstiefeln, die Schulungen der erwachsenen Elite, glatt rasiert und mit sauber gescheiteltem Kurzhaarschnitt. Wer hinschaut, sieht auch in der Fußgängerzone gelegentlich Klappmesser aufspringen, und wer Pech hat, gerät mitten in eine Auseinandersetzung hinein. Als friedlicher Teilnehmer einer Demonstration oder politischen Kundgebung zum Beispiel oder bei einem Disco-Besuch oder auch nur im Bus, wo plötzlich ein „Punk“ und eine „Glatze“ aufeinander losgehen oder wo ein Ausländer gewaltsam angegangen wird. Vielleicht nur mit verbaler Gewalt, aber immerhin.
Auch hier macht sich bei vielen Angst breit. Angst vor den gewalttätigen, oft bewaffneten Gruppen; Angst, selber etwas abzubekommen, wenn man sich einmischt; Angst, selbst Ziel von Feindseligkeiten zu werden, wenn man den Mund aufmacht. Für Jugendliche sind diese Gefahren noch viel größer. Sie treffen in der Schule oder in der Freizeit viel häufiger auf

Rechtsradikale, die ausländische Mitschüler terrorisieren oder sich wahre Schlachten mit den Linken liefern. Sie wissen viel besser: im Extremismus stecken heute wirkliche Gefahren. Für den Einzelnen, aber auch für die Gesellschaft insgesamt. Was also tun? Weggucken und sich raushalten? Das ist die einfachste und am häufigsten gewählte Alternative. Denn alles andere fordert Mut, viel Mut.

**Zivilcourage**

Gerd Meyer ist Professor für Politikwissenschaft an der Universität Tübingen. Sein Forschungsfeld ist ein ungewöhnliches: Zivilcourage. Eigentlich forschte er seit Jahren über genau das Gegenteil, über die autoritären Strukturen in Osteuropa und wie es kam, dass so lange alle brav mitmachten. Doch Ende der 1990er Jahre fragte er sich: Was macht positives, demokratisches Handeln möglich? Und er kam auf die Zivilcourage. Die, so sagt er in mehreren Büchern, ist heute dringend erforderlich. Denn immer häufiger gibt es Situationen, in denen es Mut braucht, öffentlich für jemanden oder für etwas einzutreten. Dabei denkt er gar nicht nur an die Schlägereien, in die man sich einmischt, sondern an den ganz normalen Alltag. „Etwa ein Gespräch im Freundes- oder Familienkreis, wo die Rede auf die Ausländer kommt und latente Fremdenfeindlichkeit spürbar wird. Es erfordert schon Zivilcourage dagegen zu protestieren“, sagt der Wissenschaftler. Schließlich will man es sich ja mit niemandem verderben. Oder das Arbeitsleben. „60 bis 70 Prozent der Arbeitnehmer sagen, dass sie um ihren Arbeitsplatz

fürchten, wenn sie Rechte und Fairness einfordern, weil sie selbst oder Kollegen ausgenutzt werden. Manche trauen sich nicht einmal in den Betriebsrat oder die Gewerkschaft." Viel Wohlverhalten und ein Übermaß an Anpassung gebe es heute. Und gute Gründe, Konflikte zu vermeiden. Manchmal fehle Verantwortungsgefühl und Einfühlungsvermögen. Vor allem aber ist es die Angst vor eigenen Nachteilen. „Es besteht durchaus die Gefahr, körperliche Nachteile zu haben, wenn man bei einer Schlägerei eingreift oder soziale Nachteile, wenn man sich gegen eine Gruppe stellt." Außerdem wissen viele Menschen einfach nicht, wie man sich in bestimmten Situationen verhält. Gerd Meyer empfiehlt deshalb Trainings, die unter anderem die Polizei anbietet. „Das ist wie ein Erste-Hilfe-Kurs: Man übt ein Repertoire an Verhaltensweisen ein, wie man sich im Falle eines Falles verhalten kann. In diesem Sinne kann man ein gutes Stück Zivilcourage lernen, aber es kommt genauso auf die Einschätzung der jeweiligen Situation an."
Der Wissenschaftler findet es gut, dass die Anerkennung der Zivilcourage größer geworden ist, etwa durch „Zivilcourage-Preise", die mutiges Eintreten gegen Rechtsradikalismus und Ausländerfeindlichkeit prämieren. Andererseits sei „die Anerkennung für Zivilcourage im Beruf, in Vereinen, Kirchen oder Parteien weniger groß. Die Unbequemen machen immer noch seltener Karriere."

Und wofür ist Zivilcourage wichtig? „Für Toleranz, Demokratie und Gewaltfreiheit in Politik und Gesellschaft", sagt Gerd Meyer. Aber nicht nur! Auch, um mit sich selbst im Reinen zu bleiben, um seine eigene Identität zu wahren. Courage gezeigt zu haben, tut gut, genau wie umgekehrt das Gefühl, feige gewesen zu sein, zu den „Kosten des Nichthelfens" gehört. Und mehr noch: „Die Erfahrung eines solchen existentiellen Muts ist meist ein tiefes persönliches Erlebnis und in dieser Qualität verweist es auf das Göttliche in uns“, meint der Professor. Das Göttliche in uns, auf das wir vertrauen können und das es leichter macht, trotz aller Gefahren für das Gute einzutreten. Das gilt auch für Gerd Meyer selbst: „Und um ehrlich zu sein: Ich selbst bin keineswegs immer so mutig, wie ich es gern wäre. Und so mache ich mir als Wissenschaftler forschend und schreibend auch selber Mut für den Alltag.“

**Lehren aus der Vergangenheit**

Zivilcourage. Den Mut finden, einzuschreiten, auch wenn es mit persönlichen Gefahren verbunden ist. Mit Gottvertrauen diesen Gefahren begegnen. Es gibt Menschen, die haben das vorgelebt, gerade zur Zeit des Nationalsozialismus. Die haben sich nicht versteckt, als Ungerechtigkeiten und Brutalität sich überall breitmachten.

Sophie Scholl ist so ein Beispiel. Sie, ihr Bruder Hans und die anderen aus der studentischen Widerstandsgruppe die „Weiße Rose“. Sophie Scholl war anfangs begeistert von der Hitlerjugend, den Wanderfahrten, den Gruppentreffen. Doch je älter sie wurde, desto besser erkannte sie die falsche Ideologie. Mit 18 trat sie aus dem „Bund Deutscher Mädel“ aus und machte sich wenig Freunde, als sie im „Reichsarbeitsdienst“ Texte des Kirchenvaters Augustinus las. Im Mai 1942 schrieb sich Sophie Scholl an der Universität München für die Fächer Biologie und Philosophie ein. Sie wohnte bei ihrem älteren Bruder Hans, einem Medizinstudenten. Bei ihm erfährt sie auch von der „Weißen Rose“, von Studenten, die Flugblätter verteilen, um so gegen Judenverfolgung, gegen die Ermordung von Behinderten und gegen den Abtransport von Andersdenkenden zu protestieren. Sophie machte mit und wusste wie alle aus der Gruppe, dass sie dadurch ihr Leben in Gefahr brachte. „Ich spüre, wie alles in Gottes Hand liegt“, sagte sie einmal. Dieses Vertrauen endete auch nicht mit ihrer Verhaftung am 18. Februar 1943. Hans und Sophie hatten Tausende Flugblätter vom Treppenhaus in die Eingangshalle der Universität geschüttet. Im Schnellverfahren wurden beide vom Volksgerichtshof zum Tode verurteilt und am 22. Februar hingerichtet. Ihr letzter Satz im Prozess: „Ich bin nach wie vor der Meinung, das Beste getan zu haben, was ich gerade jetzt für mein Volk tun kann. Ich bereue deshalb meine Handlungsweisen nicht und will die Folgen, die mir daraus erwachsen, auf mich nehmen.“

Mit Gottvertrauen haben diese jungen Studentinnen und Studenten getan, was sie tun mussten. Couragiert, auch wenn es um das eigene Leben ging, wenn es in den Tod ging. Furchtlos und voll Gottvertrauen sei Sophie Scholl zur Hinrichtung gegangen, berichtet der Gefängnisgeistliche. Mit Gottvertrauen, wie so viele andere christliche Widerstandskämpfer in jener dunklen Zeit.

**Gottvertrauen – Gottesferne**

„Not lehrt Beten“, sagt ein alter Satz, der sich gerade in den extremen Gefahren der Kriegszeiten bewahrheitet hat. So sind die Tagebücher und Briefe von Soldaten, die uns überliefert sind, voll von Ängsten, aber auch von Gottvertrauen. Vor einer Schlacht zu beten, im Lager Gottesdienst zu feiern, das Kreuz mit ins Feld zu nehmen, die Bibel in der Tasche zu haben – das alles zeigt, wie sehr sich Menschen in Not und Lebensgefahr auf Gott verlassen haben.

Auch die Psalmen kennen die Bitten um Errettung aus der Gefahr, um Errettung vor dem Feind. Gerade David, der Dichter vieler Psalmen, wusste davon sprichwörtlich ein Lied zu singen. Wurde er doch von Jugend an bedrängt, von Konkurrenten im eignen Land und von Feinden, die Israel erobern wollten. In Psalm 25 heißt es:

*Zu dir, Herr, erhebe ich meine Seele.*
*Mein Gott, auf dich vertraue ich.*
*Lass mich nicht scheitern,*
*lass meine Feinde nicht triumphieren.*
*Befreie mein Herz aus der Angst,*
*führe mich heraus aus der Bedrängnis.*
*Sieh doch, wie zahlreich meine Feinde sind,*
*mit welch tödlichem Hass sie mich hassen.*

Doch Gott wird nicht nur angerufen um Schutz in Gefahr oder um Mut, die Gefahren zu durchstehen. Er soll buchstäblich mitkämpfen. In Psalm 35 singt der Verfolgte:

*Streite, Herr, gegen alle, die gegen mich streiten.*
*Bekämpfe alle, die mich bekämpfen.*
*Ergreife Schild und Waffen,*
*steh auf, um mir zu helfen.*

*Schwing den Speer und die Lanze gegen meine Verfolger.*
*Sag zu mir: „Ich bin deine Hilfe!"*

Doch die Erfahrung zeigte: Gott kam nicht immer zu Hilfe. Er enttäuschte das Gottvertrauen vieler. Er rettete nicht aus der Gefahr. Er sah zu, wie Millionen darin umkamen. Nicht wenige sagen heute, diese Erfahrung sei das Ende ihres Glaubens gewesen. Der jüdische Schriftsteller Elie Wiesel hat das KZ Auschwitz überlebt, als Einziger seiner Familie. In der weitgehend autobiographischen Trilogie „Die Nacht zu begraben, Elischa", beschreibt er seine ersten Eindrücke, die er im Vernichtungslager Auschwitz-Birkenau sammelte. Als sehr frommer Junge vom Land war er gekommen. Er ging als halbtoter Atheist.

*Nie werde ich diese Nacht vergessen, diese erste Nacht im Lager, die aus meinem Leben eine siebenmal verriegelte lange Nacht gemacht hat.*
*Nie werde ich diesen Rauch vergessen.*
*Nie werde ich die kleinen Gesichter der Kinder vergessen, deren Körper vor meinen Augen als Spiralen zum blauen Himmel aufstiegen.*
*Nie werde ich die Flammen vergessen, die meinen Glauben für immer verzehrten.*
*Nie werde ich die Augenblicke vergessen, die meinen Gott und meine Seele mordeten und meine Träume, die das Antlitz der Wüste annahmen.*
*Nie werde ich das vergessen, und wenn ich dazu verurteilt wäre, so lange wie Gott zu leben. Nie.*

Fortan weigert er sich, einzustimmen, wenn zu jüdischen Festtagen gebetet wird. Und doch bleibt ein letzter kleiner Funke

Glaube. Er erinnert sich an den Moment, als im Lager als Vergeltung für einen Sabotageakt ein Kind gehängt wird.

*Er lebte noch, als ich an ihm vorüberschritt. Seine Zunge war noch rot, seine Augen noch nicht erloschen. Hinter mir hörte ich einen Mann fragen: „Wo ist Gott?" Und ich hörte eine Stimme in mir antworten: „Wo er ist? Dort – dort hängt er, am Galgen."*

Gottvertrauen in Lebensgefahr. Und in der vollen Erkenntnis, dass viele, die vertrauten, dennoch gestorben sind. Das ist viel verlangt, geradezu übermenschlich. Oder besser: Dieses Gottvertrauen „Trotz allem!" kann man nicht verlangen, man kann es nur haben, geschenkt bekommen, bruchstückhaft, ein Zipfelchen. Gottvertrauen trotz allem gibt es und gab es. Auch in der Zeit der Verfolgung. So wie es eine Kritzel-Inschrift im Warschauer Ghetto überliefert hat:

*Ich glaube an die Sonne,*
*selbst wenn sie nicht scheint.*
*Ich glaube an die Liebe,*
*selbst wenn ich sie nicht fühle.*
*Ich glaube an Gott, selbst wenn er schweigt.*

**Gefahr und Versuchung**

Es gibt sie: die Gefahren, die unser Leben auch heute bedrohen, die Gefahren durch Terrorismus, durch Extremismus, durch Gewalt. Und doch sind es nicht die einzigen, denen wir begegnen.

Denn mindestens genauso real wie das, was unser äußeres Leben gefährdet, ist das, was unser inneres Leben, unseren Geist, unsere Seele, unsere Psyche angreift. Jesus hat es einmal so gesagt: „Was nützt es einem Menschen, wenn er die ganze Welt gewinnt, dabei aber seine Seele verliert?“ (Matthäusevangelium, Kapitel 16, 26).

**(Genuss-)Sucht**

Die Werbung dröhnt uns voll mit dem, was wir haben können, genießen können, brauchen können. Von der „zartesten Versuchung seit es Schokolade gibt“ bis zum Absacker, „wenn einem so viel Gutes wiederfährt“; vom Luxusauto, das jetzt noch dynamischer fährt, bis zum Flachbildschirm, der die Tore noch schärfer zeigt; vom Superurlaub unter südlicher Sonne bis zur Schweizer Edeluhr. Konsum und Genuss, das sind die Maximen der Werbewirtschaft. Und wir springen darauf an, die einen mehr, die anderen weniger. Denn das eigene bisschen Luxus will doch jeder, und was dem einen das Theater-Abo ist, ist dem anderen die Fernreise oder der Reitstall oder das Auto oder der Schmuck oder die Garderobe oder die Kunst. Und selbst, wer sich das nicht leisten kann, macht immer noch mit bei Kino und Kneipe, bei Handy und Stereoanlage, bei Shopping mit Cheeseburger.

Genuss und Konsum – das ist kein Vergehen, unsere ganze Volkswirtschaft lebt davon, und alle sind froh, dass endlich die Binnennachfrage anzieht. Die Gefahr ist nur: Allzu leicht und allzu oft wird Konsum zur Sucht. Zur echten Sucht nach Alkohol und Drogen oder zur Genuss-Sucht, die fast ebenso schwer zu befriedigen ist. Immer weiter weg müssen wir dann fliegen, immer schickere Autos haben, immer größere Wohnungen, immer perfektere Kinder, immer höher, immer schneller, immer weiter, immer mehr. Auf der Strecke bleibt vieles. Denn „immer mehr" ist nicht gleichbedeutend mit „immer glücklicher". „Immer weiter weg" führt nicht „immer näher zu sich selbst" und „immer höher hinaus" erreicht längst nicht den Himmel.

Hilft Gottvertrauen, dieser Gefahr zu entgehen? Soziologen sagen, dass Menschen, die auf Gott vertrauen und an ein Leben nach dem Tod glauben, im Leben weniger Stress haben. Sie müssen eben in ihrer knapp bemessenen Zeit nicht alles Glück erreichen. Sie glauben daran, dass noch eine große Portion Glück kommt. Das entspannt. Diejenigen hingegen, die meinen, dass nach dem Tod alles aus ist, erwarten allen Sinn im Diesseits und in ihrer Ehe, Partnerschaft oder Familie den Himmel auf Erden. Nur zu oft vergeblich, denn wenn man sich, sein Leben und das Leben seiner Mitmenschen mit Erwartungen überfrachtet, sind Enttäuschungen vorprogrammiert. Und wer dem Glück immer hinterherhechelt, erreicht es nie. Das ist eine große Gefahr in der heutigen Zeit. Ihr mit Gottvertrauen zu begegnen, kann eine Hilfe sein.

**Macht um jeden Preis**

Macht: Das war die zweite Versuchung, mit der der Teufel Jesus lockte, und Macht ist auch heute noch eine Versuchung. Gerade im Berufsleben hat sie jeder kennengelernt, die Leute mit den

Ellenbogen, die ohne Rücksicht auf Verluste an ihrer Karriere stricken. Kollegialität und Fairness bleiben dabei ebenso oft auf der Strecke wie Zeit für die Familie und für Freunde. Wo bleibt das, was diesen Menschen früher einmal wichtig war, schließlich wird kaum jemand als Karrierist geboren? Alte Freunde beobachten die Entwicklung oft genau. Sie erkennen ihren Kumpel oder ihre beste Freundin von damals nicht wieder. Die Ideale aus der Jugendzeit, die Werte, an die man glaubte, sie sind vergessen. Angeblich, weil die Realität das so fordert. Position gewonnen, mein Haus, mein Auto, mein Boot gekauft, aber sich selbst verloren. Auch das ist eine Gefahr.

Manchmal geht die Gefahr noch weiter, manchmal führt sie bis in die Kriminalität. Die Gentleman-Kriminalität, wenn man die Korruption, die überall in Wirtschaft und Verwaltung anzutreffen ist, so bezeichnen will. Experten wissen: Viele nehmen Teil am System der Korruption. Nicht, um sich direkt zu bereichern, sondern um Erfolge vorzuweisen, Aufträge einzufahren und in der Firma vorwärtszukommen. Klein fängt die Bestechung meistens an und wenn sie entdeckt wird, sagen viele: „Ich bin da so hineingerutscht". So hineinrutschen in Praktiken, die man eigentlich gar nicht will, die dem eigenen Werteverständnis gar nicht entsprechen – noch so eine Gefahr. Und fast jeder, der jemals gearbeitet hat, weiß, wie groß sie ist und wie nachvollziehbar es manchmal ist, ihr zu erliegen. Übrigens auch in anderen Orten, an denen es um Macht geht. Um den Machtkampf beim Vorsitz im Sportverein. Um die

Frage, wer ein Ministeramt ergattert oder auch nur auf die Wahlliste für den Stadtrat kommt. Um die Machtverteilung in der Familie. „Macht macht geil“, sagt man, auch im Kleinen.

Und auch hier: Hilft Gottvertrauen? Gottvertrauen hilft zumindest in zwei Punkten. Zum einen gibt es die Gelassenheit, nicht alles um jeden Preis erreichen zu müssen, es schenkt die Geduld, es mit ehrlichen Mitteln zu versuchen und den Glauben daran, dass der Ehrliche durchaus nicht immer der Dumme ist. Zum anderen ist Gottvertrauen auch eine kritische Instanz gegenüber sich selbst. Wer daran glaubt, dass Gott nicht nur sonntags da ist, wird versuchen, auch sein sonstiges Leben mit den eigenen christlichen Wertvorstellungen in Übereinstimmung zu bringen. Insofern kann Gottvertrauen bremsen. Und eine gute Bremse brauchen gerade die schnellsten Autos. Sonst wird es gefährlich.

## *ZUM NACHDENKEN*

Anthony de Mello erzählt folgende Geschichte:

*Ein Atheist fiel von einer Klippe. Beim Hinunterstürzen packte er den Zweig eines kleinen Baumes. Dort hing er nun zwischen dem Himmel und den dreihundert Meter tiefer liegenden Felsen, wohl wissend, dass er sich nicht viel länger daran würde festhalten können. Plötzlich kam ihm eine Idee. „Gott", rief er so laut er konnte. Schweigen. Niemand antwortete. „Gott", schrie er noch einmal. „Wenn es dich gibt, rette mich und ich verspreche, dass ich an dich glauben und andere glauben lehren werde."*
*Wieder Schweigen. Dann ließ er den Zweig vor Schreck einahe los, als eine kräftige Stimme über den Canyon dröhnte. „Das sagen sie alle, wenn Not am Mann ist."*
*„Nein, Gott, nein", rief er laut, nun etwas hoffnungsvoller geworden. „Ich bin nicht wie die anderen. Ich habe ja schon begonnen zu glauben, merkst du das nicht, ich habe ja schon deine Stimme gehört. Nun musst du mich bloß retten, und ich werde deinen Namen bis an die Enden der Erde verkünden."*
*„Gut", sagte die Stimme, „ich werde dich retten. Lass den Zweig los."*
*„Den Zweig loslassen", schrie der verzweifelte Mann. „Hältst du mich für verrückt?"*

* Wie viel Gottvertrauen hätten Sie in einer solchen Situation?
* Gibt es eine Grenze zwischen Gottvertrauen und Verrücktheit?
* Muss Gottvertrauen langsam wachsen, oder ist es manchmal nötig, „ins kalte Wasser“ (oder in den Abgrund) zu springen?
* Glauben Sie an wunderbare Rettung aus Gefahr?

Können Sie sich an eine Situation in Ihrem Leben erinnern, in der Sie ernsthaft in Gefahr waren? In Lebensgefahr oder auch in schwerer seelischer Gefahr?

* Wer oder was hat Ihnen geholfen?
* Waren Sie am Rand der Verzweiflung oder voll Vertrauen, dass alles gut ausgeht?
* Konnten Sie sich an Gott wenden?
* Hat Ihnen die Gemeinschaft mit anderen Glaubenden Kraft gegeben?
* Haben Sie Gott für Ihre Rettung gedankt?

Die Erfahrung hat gezeigt: „Not lehrt beten“. Welcher Aussage würden Sie zustimmen:

* Wer erst an Gott denkt, wenn er in Not ist, hat Gottes Hilfe gar nicht verdient.

- Gott freut sich über jeden, der zu ihm kommt – selbst wenn er ihn lange vergessen hatte.
- Wer im Glück keinen Umgang mit Gott hat, der kann auch kein Gottvertrauen entwickeln, wenn es drauf ankommt.
- Wenn Gott in der Not geholfen hat, dann muss das Folgen für das weitere Leben haben. Man muss ein besserer Christ werden.
- Wer einmal gespürt hat, dass Gott hilft, der wird in Zukunft keine Angst mehr haben.
- Not lehrt vielleicht beten, aber das zeigt nur, dass Gebet und Gottvertrauen letzte psychologische Notlösungen sind.

Es ist schön, wenn Gebete in Not erhört werden. Oft geschieht das aber nicht. Menschen sterben auch heute noch wegen ihres Glaubens, ihrer Rasse, ihrer Weltanschauung. Sie geraten in Lebensgefahr durch Kriege, Unfälle, Unglücke, Unvorsicht und werden trotz inniger Gebete nicht gerettet. Der frühere Bundeskanzler Helmut Schmidt sagt deshalb, „nach Auschwitz" könne er nicht mehr glauben.

- Können Sie diese Aussage verstehen?
- Wie erklären Sie sich die „Nicht-Erhörung" von Gebeten in großer Gefahr?
- Ist „Nicht-Erhörung" ein Argument gegen Gottes Allmacht und Güte?

- Wird Ihr Gottvertrauen durch das Wissen erschüttert, dass Gebete keineswegs immer – wie bei Familie Wallert – „1:1 erhört werden"?
- Denken Sie, dass Sie noch glauben könnten, wenn Sie am eigenen Leib Elend und Sterben wie in der Zeit der Judenverfolgung erlebt hätten?

Der amerikanische Grusel-Autor Stephen King stellt in seinem Roman „In einer kleinen Stadt" ein unheimliches Szenario vor: In der Dorfstraße öffnet ein neues Geschäft mit dem Namen „Needful things", zu deutsch: nützliche Sachen. Der Besitzer, Mr. Gaunt, ist ein ebenso unheimlicher Zeitgenosse, der allerdings wirklich nützliche Sachen anzubieten hat: Er hat das, was sich einzelne Dorfbewohner schon lange sehnlichst gewünscht haben. Diese Dinge haben allerdings ihren Preis und die Währung ist nicht nur Geld, sondern „kleine Streiche", Bösartigkeiten, die die Kunden begehen müssen, wenn sie das Objekt ihrer Begierde erstehen wollen. Der kleine Bruce muss zum Beispiel die saubere Wäsche seiner Nachbarin mit Schlamm bewerfen, wenn er die ersehnte Baseball-Sammelkarte haben will, die in seinem Album noch fehlt, die tugendhafte Polly soll Bilder stehlen für ein Mittel, das ihre unerträglichen rheumatischen Schmerzen besiegt und der Trinker Hugh soll immerhin den Hund seiner verrückten Nachbarin töten. Mr. Gaunt, so stellt sich nach und nach heraus, ist der Leibhaftige, der

Teufel selbst, und was er trickreich in Gefahr bringt, ist der Frieden in der Stadt und die reinen Seelen ihrer Bewohner.

- Was ist Ihr geheimster Wunsch? Gibt es etwas, wonach Sie sich schon lange sehnen? Es kann eine Sache sein, ein Mensch, ein Arbeitsplatz, ein Medikament, ein Lottogewinn, irgendetwas, woran Ihr Herz wirklich hängt.
- Wie viel wären Sie bereit, dafür zu geben – und das nicht nur an Geld.
- Es gibt Menschen, die „gehen über Leichen" für eine ersehnte Sache, für eine ersehnte Liebe, für eine ersehnte Chance: Wie weit darf man gehen? Wie schlimm dürfen „kleine Streiche" sein? Wie viel Skrupellosigkeit ist noch erträglich?
- Im Buch sind die Kunden von Mr. Gaunt unbemerkt dabei, „ihre Seele zu verkaufen". Sind Sie sicher, dass Sie dieser Gefahr niemals erliegen könnten?
- Was glauben Sie, wie man diesen Teufel besiegen kann? Hilft Gottvertrauen, hilft Zusammenhalt, hilft Verzicht?
- Ein Tipp: Lesen Sie das Buch. Es ist spannend und hintergründig!

In Afrika zu leben ist auch heute noch lebensgefährlich. Hunger, Krieg, Organhandel, Stammeskämpfe, Dürre und Regenkatastrophen, Krankheiten und Seuchen – es gibt nichts, was es nicht gibt. Die Afrikaner wissen, was Gottvertrauen in Gefahr bedeutet. Ein afrikanisches Gebet lautet so:

*Ich habe keinen anderen Helfer als dich, keinen anderen Erlöser, keinen anderen Halt.*
*Zu dir bete ich. Nur du kannst mir helfen.*
*Die Not ist zu groß, in der ich jetzt stehe, die Verzweiflung packt mich an, und ich weiß nicht mehr ein noch aus.*
*Ich bin ganz unten, komme allein nicht mehr hoch, nicht heraus.*
*Wenn es dein Wille ist, dann befreie mich aus dieser Not. Lass mich wissen, dass du stärker bist als alle Not und alle meine Feinde.*
*O Herr, wenn ich durchkomme, dann lass doch diese Erfahrung zu meinem und zum Heil meiner Brüder und Schwestern beitragen.*
*Du verlässt mich nicht. Ich weiß das. Amen.*

Foto: Paul Moore · www.fotolia.de

# GOTTVERTRAUEN …

# … IM SCHEITERN UND IM NEUBEGINN

*„Siehe, ich mache alles neu …“*

*(Offenbarung des Johannes, Kapitel 21, 5)*

## *PORTRÄT*

Wenn eine Frau in einem katholisch geprägten Ort auf dem Land verheiratet ist und vier Kinder hat, dann ist sie nichts Besonderes. Wenn sie aber nach Jahren das gemeinsame Haus verlässt, eine Wohnung mietet und die Scheidung einreicht, dann ist sie eine Ausnahme. Und wenn es zusätzlich kaum von außen erkennbare Gründe gibt, wird es noch schwerer. Bei Reinhilde Straten gab es nämlich nur einen Grund, die Weichen für ihr Leben neu zu stellen: So wie es war, machte es sie krank.

Reinhilde Straten stammt vom Bauernhof und aus einer, so sagt sie, „Patchwork-Familie“. „Meine Mutter war die dritte Frau, mein Vater der zweite Mann auf dem Hof.“ Und das nicht wegen diverser Scheidungen, sondern wegen vieler Krankheiten und Todesfälle in relativ jungen Jahren. „Das Thema Tod war immer präsent“, sagt sie, „genauso wie das Thema Glaube“. Auch ihr eigener Vater starb, als sie erst drei Jahre alt war. Deshalb lebte sie auf dem Hof mit Menschen zusammen, die wie Bruder und Schwester wirkten, in Wirklichkeit aber noch nicht einmal blutsverwandt waren. „Als ich das erste Mal eine Familienaufstellung machte, war das sehr verwirrend. Vater, Mutter, Geschwister – das kannte ich so nicht.“ Nicht zuletzt deshalb wünschte sich Reinhilde Straten eine ganz normale eigene Familie mit möglichst vier Kindern und einem glücklichen Zuhause. „Vermutlich deshalb habe ich mich so lange gegen die Erkenntnis gesträubt, dass es nicht mehr geht.“ Wenn der Traum des Lebens zu scheitern droht, wehrt man sich eben dagegen.

Schon mit fünfzehn war Reinhilde Straten aus dem Haus gegangen. Sie hat Praktika in der Hauswirtschaft und im Krankenhaus gemacht und dabei bei Nonnen gewohnt. „Kirche und Glaube waren bei uns selbstverständlich“, sagt die Emsländerin. Da störte es auch nicht, dass die Nonnen auf regelmäßigen Kirchgang und ein solides Leben achteten. Mit siebzehn ging sie nach Münster, um medizinisch-technische Assistentin (MTA) zu werden. Am Wochenende pendelte sie nach Hause – und dort lernte sie ihren Mann kennen. Nach sechs Jahren in der Stadt ging es zurück aufs Dorf. „Mit 23 habe ich geheiratet, mit 24 kam das erste Kind.“ Das Haus war auch schnell gebaut und im Abstand von jeweils zwei Jahren folgten ein weiterer Sohn und

eine Tochter. Haus, Garten, Kinder, Familie, Küche, Kirche – so sah das Leben von Reinhilde Straten aus. Nichts Besonderes eben.
Auffällig war nur, dass es ihr zunehmend schlechter ging, körperlich und psychisch. „Burn-out-Syndrom“, sagt sie heute. Alles wurde der Mutter von drei Kindern zu viel. Als „Auszeit“ gönnte sie sich ab und zu ein geistliches Wochenende, ein paar Tage „Exerzitien“, um sich über ihr Leben und ihren Glauben klar zu werden. Sollte sie vielleicht wieder arbeiten gehen, um etwas zu haben, was außerhalb des familiären Umfeldes stattfand? „Bei Schweigeexerzitien im Jahr 1992 entschied ich mich, als Familienfrau weiterzumachen. Kurz darauf war ich wieder schwanger.“ 1993 kam das vierte Kind, wieder ein Sohn, zur Welt, „aber damals ging es mir schon ziemlich schlecht.“ Zwei Jahre später begann Reinhilde Straten eine Psychotherapie, um aus ihrem Dauertief herauszukommen. Im Laufe der Zeit klärte sich eines: Was sie krank machte, das war ihr ganzes Leben: die Ehe, die Familie, die Verpflichtungen, eben all das, was ihr Leben ausmachte.

Die Emsländerin wollte ihren Lebenstraum nicht scheitern lassen. „Ich wollte Familie und war bereit, alles dafür zu tun.“ Ihr Mann erklärte sich zu einer Paartherapie bereit, die jedoch nicht zum erwünschten Erfolg führte. „Er wollte das nicht wirklich.“ Für die Frau, die inzwischen etwas über vierzig war, rückte damit die Entscheidung näher. Doch noch zögerte sie, denn die Konsequenzen einer Trennung waren klar. „Ich musste aus dem Haus ausziehen, denn das gehörte meinem Mann." Und noch etwas wog schwer. „Ich wusste, dass ich die Kinder auseinanderreißen müsste." Denn erstens hatte sie kein Geld für eine Wohnung, in der vier Kinder Platz finden und zweitens wollten die großen Söhne sowieso bei ihrem Vater bleiben.

Anfang 2003 zog Reinhilde Straten dennoch aus, zusammen mit ihrer Tochter. Der Streit um den zehnjährigen jüngsten Sohn ging vor Gericht. Dort erhielt die Mutter das Aufenthaltsbestimmungsrecht über ihn und nahm ihn mit in ihre neue Wohnung. „Es ging aber nicht", bekennt sie heute. Der Junge vermisste sein Zuhause und seine Brüder, „obwohl die doch nur ein paar hundert Meter entfernt lebten und er sowieso oft da war." Schließlich zog der Junge voller Trotz zurück zum Vater. Bis jetzt hat sich das Verhältnis zur Mutter nicht ganz normalisiert. Der Preis des Neubeginns war also hoch und noch heute kommen der 48-Jährigen die Tränen, wenn sie daran denkt. Auch daran, wie tief das Loch war, in das sie fiel. Der tägliche Rhythmus fehlte, die Hausarbeit, die Nachbarn, die Freunde und natürlich die Söhne. Im Ort Verständnis für ihren Schritt zu finden, war nicht leicht. Was blieb also für den Neubeginn, aus welchen Quellen konnte sie Kraft schöpfen?

„Der Glaube war für mich immer ein Halt", sagt die Emsländerin, die nach ihrer Scheidung ihren Geburtsnamen wieder annahm. Schon in ihrer schwierigen Kindheit hat die Mutter ihr Gottvertrauen vorgelebt. Später war der Gottesdienst am Sonntag „eine Stunde der Entspannung und der Ruhe", die geistlichen

Wochenenden fern der Familie waren „wie Ferien". Als es in der Ehe kriselte, ging sie manchmal „einfach so" in die Kirche. „Ich habe vor der Marienstatue eine Kerze angezündet und einfach dagesessen. Und manchmal war mir, als hätte mir ein Engel auf die Schulter geklopft." Ab 2002 nahm sie auch an Wochenenden und Freizeiten der „Alleinerziehenden-Seelsorge" teil. Gemeinsam mit ihrem jüngsten Sohn, damit er merkt, dass es anderen Kindern ähnlich geht. „Aus der Klasse kannte er nur noch ein anderes Kind mit einer alleinerziehenden Mutter", erzählt Reinhilde Straten. „Deshalb waren die Freizeiten wichtig für ihn."
Sie selbst entdeckte immer mehr, welche Bedeutung Glaube und Spiritualität für sie haben. Sie belegte Kurse, machte Erfahrungen mit Eutonie, Reiki und Kinesiologie, begann mit dem „meditativen Malen". Heute ist sie sicher, dass ihr Lebensweg von Gott geführt ist. „Meine Entscheidungen entstammen nicht nur meiner Persönlichkeit, sondern das wirklich Wichtige ist von Gott geführt." Zweifel gibt es immer wieder, und doch: „Ich spüre, dass ich von der geistigen Welt unterstützt werde." Inzwischen hat sich Reinhilde Straten auch mit dem Scheitern ihres ursprünglichen Lebensentwurfs versöhnt. „Alle Erfahrungen waren wichtig für mein Leben", sagt sie, und: „Nur wenn ich wirklich vertraue, dass alles seinen Sinn hat, ist Neubeginn möglich." Solange „der Kopf fest sitzt" und „die Gedanken sich im Kreis drehen", solange verändert sich nichts.

Für Reinhilde Straten war der Neubeginn radikal. Zwar lebt sie (noch) in ihrem Ort, aber ihr Umfeld, ihr Bekanntenkreis, ihre Interessen sind andere geworden. „Spirituelle Heilbehandlung und Lebensberatung" – mit diesem Projekt hat sie sich kürzlich selbstständig gemacht. In Einzel- und Gruppenberatungen vermittelt sie Klienten, dass es im Leben mehr gibt, als das, was man sehen und anfassen kann. Auch das meditative Malen kommt jetzt anderen zugute: Sie malt individuelle Kraftbilder für die Ausrichtung des Lebens. Psychotherapie braucht Reinhilde Straten längst nicht mehr. Sie strahlt Optimismus aus, Zufriedenheit mit ihrem Neubeginn. Sie hat Pläne für sich und unterstützt ihre Kinder bei deren Plänen. Die Zeiten der „ausgebrannten Mutter“ gehören der Vergangenheit an. Ihr Credo ist einfach: „Wenn ich wirklich vertraue, dann ändert sich auch etwas.“ Gottvertrauen ist eben mehr als ein Trostpflaster. Gottvertrauen ist pure Energie – gerade im Scheitern und im Neubeginn.

## *ZUR SACHE*

Zu jedem Leben gehört beides: Glück und Unglück, Freude und Trauer, Erfolg und Scheitern. Schon Babys lernen das, wenn sie bei ihren ersten Versuchen, zu greifen oder zu laufen, scheitern. Schulkinder scheitern im Sportunterricht am Kletterseil, Jugendliche scheitern bei der Führerscheinprüfung an den Vorfahrtsregeln oder daran, ihren Schwarm von ihrer Liebe zu überzeugen. Erwachsene scheitern daran, ihr Gewicht zu halten oder den Marathonlauf zu meistern.
Scheitern ist eine Alltagserfahrung und solange sie sich auf einzelne Punkte beschränkt, ist sie sogar heilsam: Sie bewahrt vor Selbstüberschätzung und Arroganz und treibt an, es neu zu probieren: mit dem Führerschein, dem Marathontraining oder der gesunden Ernährung. Ohne in der ein oder anderen Weise zu scheitern, gibt es nur selten einen Neubeginn. Es gibt aber auch Erfahrungen des Scheiterns, die gehen tiefer, die rütteln so sehr an den Grundfesten des Lebens, dass sie zu echten Krisen führen. Zu Lebenskrisen, aus denen manche nie wieder herausfinden. Woher soll man nach wirklich harten Schlägen die Kraft nehmen, neu zu beginnen?

**Scheitern in der Schule**
Soziologen sprechen davon, dass sich die Schere in unserer Gesellschaft immer weiter öffnet: in diejenigen, die es geschafft haben und diejenigen, die auf ganzer Linie scheitern und in

Armut enden. Grundlage für ein gelingendes Leben in unserer Zeit, darin sind sich alle einig, ist eine gute Ausbildung. Deshalb werden in letzten Jahren viele Anstrengungen unternommen, gerade die Benachteiligten zu fördern. Etwa durch frühzeitige Sprachkurse, damit Kinder ausländischer Familien nicht schon in der ersten Klasse abgehängt werden. Oder durch Sozialarbeiter, die in problematischen Wohngebieten die Schülerinnen und Schüler fördern.

Doch trotz aller Bemühungen: Es gibt Kinder und Jugendliche, die in der Schule scheitern – und es werden immer mehr. Ihre intellektuelle Leistungsfähigkeit ist dabei noch nicht einmal ausschlaggebend. Meist fehlen mehr die soziale Kompetenz und Eltern, die sich darum kümmern, dass ihre Kinder jeden Morgen in die Schule gehen und jeden Nachmittag die Hausaufgaben machen. Immer mehr Kinder stehen allein vor dem Problem, ihren Alltag selbst organisieren zu müssen. Und nicht wenige scheitern daran, verständlicherweise.

So sind die Schulverweigerer zu einem echten Problem geworden. Es sind Jugendliche, die nicht nur im Unterricht keine Lernbereitschaft zeigen, sondern die sich trotz Schulpflicht nur sporadisch dort blicken lassen. Und weder Eltern noch Lehrer noch Jugendamt können daran viel ändern. Aktuelle Schätzungen weisen darauf hin, dass ein bis zwei Prozent der Schülerinnen und Schüler an allgemeinbildenden Schulen bereits verfestigte Formen der Schulverweigerung aufweisen. Experten gehen aber davon aus, dass von insgesamt 12,4 Millionen Schülern etwa zehn Prozent die Schule über Wochen und teilweise Monate hinweg schwänzen.

Auch das Bundesministerium für Familie, Senioren, Frauen und Jugend hat diesen Handlungsbedarf erkannt und deshalb das Modellprogramm „Schulverweigerung – Die 2. Chance" gestartet, das aus Mitteln des Europäischen Sozialfonds sowie aus Mitteln des Bundes gefördert wird. Denn klar ist: Wer nicht zur Schule geht, riskiert nicht nur seinen Bildungsabschluss, er riskiert insgesamt den Start in ein geglücktes Leben.

Zu den Gruppen und Organisationen, die in den letzten Jahren verstärkt Projekte für Schulverweigerer gestartet haben, gehören auch die Kirchen. Zum Beispiel das „Christliche Jugenddorfwerk Deutschlands e.V.". An der Christophorusschule in Hohenleuben wird beispielsweise versucht, schulpflichtigen Jugendlichen zwischen 10 und 16 Jahren, die über einen längeren Zeitraum der Schule fernbleiben oder Unterrichtsverweigerung durch extrem aggressives, störendes Verhalten zeigen, Mut zu machen, es noch einmal mit dem regelmäßigen Schulbesuch und einer aktiven Teilnahme am Unterricht zu versuchen. Viele der Jugendlichen leben gemeinsam im Jugenddorf, denn das Elternhaus ist oft eine Wurzel des Problems. Auch deshalb fehlt meist die Orientierung an positiven Werten, es fehlen Selbstvertrauen, Ziele und eine Perspektive für den Rest des jungen Lebens.
Das „Christliche Jugenddorfwerk" ist überzeugt, dass auch der Glaube dabei helfen kann, diese Lücken zu füllen. Denn Glaube und Gottvertrauen, so sagen die Mitarbeiter, könne ihrer Erfahrung nach helfen, einen Sinn im Leben zu finden, zu entdecken, dass jeder und jede als Geschöpf Gottes eine Würde besitzt, unabhängig von ihrer Position in der beruflichen Leistungsgesellschaft. Glaube helfe dabei, zu erfahren, dass es eine bedingungslose Zugehörigkeit gibt, die auch dann Halt geben kann, wenn sich Lebenswünsche und Pläne nicht so einfach verwirklichen lassen. Und schließlich könnten

gerade Kinder und Jugendliche, die keinen vertrauensvollen Umgang in der Familie kennengelernt haben, durch eine Gottesbeziehung lernen, auch untereinander beziehungsfähig zu werden. Gottesdienste, Gesprächskreise, Orte der Stille gehören deshalb zum pädagogischen Programm.

Dies ist nur ein Beispiel für viele andere Projekte und Initiativen, in denen sich Christen aller Konfessionen für diejenigen einsetzen, die schon früh durch das Netz der Gesellschaft zu fallen drohen. Sie selbst arbeiten in dem Gottvertrauen, dass ihre Saat zumindest zum Teil aufgehen wird. Und sie wollen Gottvertrauen vermitteln, ohne dass es schwer ist, einen Neubeginn nach der jahrelangen Erfahrung des (schulischen) Scheiterns zu wagen.

**Scheitern im Beruf**

„Ich schaff's nicht!" Viele Arbeitnehmer müssen sich das irgendwann im Laufe ihres Berufslebens eingestehen. Oder sie werden mit dieser Einschätzung konfrontiert, wenn der Chef unzufrieden ist, eine Abmahnung oder gar die Kündigung ausspricht. Nicht wenige machen diese Erfahrung schon in der Zeit der Ausbildung. Rund zehn Prozent der Lehrverträge werden jedes Jahr vorzeitig aufgelöst. Meist geht die Initiative dabei von den Auszubildenden selbst aus, berichtet eine Untersuchung des Bundesinstituts für Berufsbildung. Unzufriedenheit mit dem Betrieb, mit Ausbildern, mit Arbeitszeiten oder mit dem tatsächlichen Berufsbild sind die hauptsächlichen Gründe. Ein generelles berufliches Aus muss das aber nicht bedeuten; viele wechseln nur den Beruf oder den Ausbildungsbetrieb. Andere scheitern hingegen daran, einen neuen Arbeitgeber zu finden. Auch die Berufsschule und schließlich die Prüfung ist

eine Hürde, die nicht von allen genommen wird. Dann wird es allerdings bitter: Drei Jahre gelernt zu haben und dann vor dem Nichts zu stehen, lässt sich nicht so leicht verkraften.
Genauso wie das Scheitern an der Universität. Nicht wenige Studiengänge sind heute (noch) so aufgebaut, dass sie die Studierenden jahrelang vor sich hin lernen lassen, bevor die Stunde der Wahrheit schlägt. Wer dann – wie es etwa im Fach Jura häufiger geschieht – dreimal durch die Prüfung rasselt, muss sich nicht nur damit auseinandersetzen, versagt zu haben, wo andere glatt bestehen; er muss sich auch völlig neu orientieren. In dieser Situation Selbstwertgefühl und Optimismus zu bewahren, ist eine echte Kunst.

Und schließlich die Entlassung aus einer festen Anstellung und die Suche nach einem neuen Arbeitsplatz. Psychologische Untersuchungen machen deutlich, dass eine Kündigung eben nicht nur finanzielle Risiken birgt. Sie kratzt am Selbstbewusstsein, vor allem dann, wenn sich der Neustart schwierig gestaltet. Keinen festen Tagesrhythmus mehr zu haben, keine Erfolgserlebnisse, keine Anerkennung von Kollegen und Vorgesetzten, das Gefühl nicht gebraucht zu werden oder zum alten Eisen zu gehören und die Erfahrung nicht mehr mitreden zu können, wenn es um berufliche Dinge geht – das alles stürzt viele in eine tiefe Krise, die – je qualifizierter und ausfüllender der Beruf war – immer schwerwiegender wird. Ein schwarzes Loch, totale Antriebslosigkeit, völliges Hängenlassen, so beschreiben viele Arbeitslose ihre Erlebnisse. Woher die Kraft nehmen zum Neustart? Woher Anerkennung bekommen, wenn man selbst nicht mehr stolz ist auf sich? Das „Ich liebe dich trotzdem" des Partners oder der Partnerin klingt dann oft schal – selbst wenn es ehrlich gemeint ist. Wer wirklich einen

Neustart versuchen will, braucht andere Quellen, aus denen er oder sie Kraft schöpft.
Die Arbeitsagenturen bieten solche Programme an. Zum Beispiel das Projekt „Neustart“, das in Wolfsburg und Braunschweig Frauen über 50 den Weg zurück in den ersten Arbeitsmarkt ebnen sollte. Eine Teilnehmerin schreibt über den halbjährigen Kurs:

*Regelmäßige Arbeit, ich gehe zur Arbeit! Pünktlich um acht Uhr. Ich gehöre dazu. Ich habe Kolleginnen – wir sind in diesem Team in Braunschweig 16! Wir sind dabei. Es wird viel gelacht bei uns, so viel habe ich lange schon nicht mehr gelacht. Spaß am Leben! Wir teilen – Freud und auch Leid. Denn es fließen auch Tränen. Wir lernen, probieren, schreiben, verwerfen. Wir werden stark und stärker. Wir halten das aus. Wir arbeiten an uns – hart und mit ungeheurer Motivation. Und langsam kommt es ans Licht, unser Selbstbewusstsein, das so lange verborgen war.*

Andere probieren es mit dem Schritt in die Selbstständigkeit – mit voller Einsatzbereitschaft und im Wissen um das Risiko. Woher nehmen sie die Kraft? Vor allem, wenn es gilt, Anfangsschwierigkeiten auszuhalten, Rückschläge hinzunehmen, Durststrecken durchzustehen oder ein erneutes Scheitern abzuwenden.
Verbände wie der evangelische „Kirchliche Dienst in der Arbeitswelt“ oder die „Katholische Arbeitnehmer Bewegung“ haben längst erkannt, wie wichtig in solchen Momenten der Glaube sein kann. Das christliche Menschenbild, das die Würde jedes Einzelnen nicht an seinem beruflichen Erfolg bemisst, aber auch das Vertrauen, dass Gott hilft, aus dem Tief herauszukommen. Wer ganz unten ist, braucht jeden nur möglichen

Schub, um wieder aufzutauchen. Die Liebe einer Familie, berufliche Qualifizierung oder psychologische Stärkung gehören dazu. Und Gottvertrauen.

**Scheitern in der Ehe**

Die Zahlen sprechen für sich: Jede dritte Ehe wird geschieden, die meisten zwischen dem dritten und elften Ehejahr. Bei rund der Hälfte der Scheidungen sind Kinder unter 18 Jahren betroffen, und je jünger sie sind, desto mehr leiden sie unter der Trennung. Mit ihnen leiden die Eltern, denn die wenigsten machen es sich leicht mit ihrer „Ent-Scheidung". Regelmäßige Befragungen bei Hochzeitsmessen oder bei kirchlichen Ehevorbereitungskursen machen klar: Die meisten Brautpaare möchten einen Bund fürs Leben schließen, nicht ein Bündnis auf Zeit. Sie gehen trotz aller Statistiken davon aus, dass sie miteinander alt werden. Sich scheiden lassen, das tun die anderen. Wenn es einen dann doch selber trifft, endet nicht nur eine mehrjährige Partnerschaft, es endet ein Lebensentwurf. Er endet in Enttäuschung, Verletzung, Streit. Und in dem Gefühl, versagt zu haben, gescheitert zu sein mit dem „Projekt Ehe". Denn das spüren die meisten: An einer Ehescheidung haben gewöhnlich zwei ihren Anteil. Die finanziellen Folgen der Trennung kommen hinzu, bei Kinderlosen weniger, bei Familien mit Kindern sehr stark. Für sie gilt: Dieses Scheitern kann man nicht wie andere schnell vergessen oder im Lichte neuer Erfolge verdrängen; an dieses Scheitern wird man tagtäglich erinnert: durch die Kinder und durch den Blick auf das Konto.

Ein Neubeginn ist so nicht leicht, vor allem, wenn kein neuer Partner, keine neue Partnerin, kein neues Glück im Spiel ist.

Vor allem Frauen, die plötzlich alleinerziehend sind, ziehen sich deshalb zurück. Ihnen fehlt die Lust auf Geselligkeit, ihnen fehlt der Mann für die Unternehmungen mit „vollständigen“ Familien, ihnen fehlt das Geld für Freizeitaktivitäten oder Babysitter, ihnen fehlt das Selbstbewusstsein, die neue Situation immer neu erklären oder mitleidige Blicke aushalten zu müssen. Vereinsamung ist die Folge. Das totale Eintauchen in das eigene Scheitern und das momentane Elend. Der Verlust an Selbstwertgefühl, denn wer – außer die Kinder – liebt mich schon? Es ist schwer, da wieder herauszufinden.

Reinhilde Straten hat ihr Gottvertrauen geholfen und es hilft auch anderen. Darauf setzt die „Alleinerziehenden-Seelsorge“ der Kirchen. So gibt es zum Beispiel im Bistum Osnabrück rund dreißig Gruppen, in denen sich alleinerziehende Mütter (und eine Gruppe alleinerziehender Väter) regelmäßig treffen. Hinzu kommen Ferienfreizeiten für wenig Geld, Studientage und Vorträge oder thematische Wochenenden. Seit 2004 wird außerdem einmal im Jahr ein großer Gottesdienst für Alleinerziehende angeboten, „und das nicht irgendwo in einem versteckten Kirchlein, sondern im Dom“, wie die zuständige Referentin, Bärbel Grote, erzählt. Entstanden ist die Idee aus vielen Gesprächen. „Viele fühlen sich in den Kirchengemeinden vor Ort nicht mehr dazugehörig, wenn ihre Ehe zerbrochen ist. Andererseits berichten sie davon, wie wichtig ihnen der Glaube gerade in der schweren Zeit der Trennung war und ist.“ Sich an Gott zu wenden, wenn niemand mehr da ist, das sei ganz typisch, „sogar für Menschen, die lange nichts mit der Kirche zu tun hatten“. Ein Büchlein mit Gebeten, Gedichten und Geschichten, die Betroffene selbst geschrieben haben, zeugen ebenso davon. Allen, die gerade im Scheitern und im Neubeginn ihr Vertrauen auf Gott setzen, soll der „Gottesdienst für Alleinerziehende" einen eigenen Raum geben und ermöglichen, Gottes Nähe gemeinsam zu spüren. Und er soll signalisieren: Auch wenn ihr ein anderes Gefühl habt, ihr gehört dazu – sogar mitten hinein in die Bischofskirche.

**Ein Verlierer auf ganzer Linie**

Er war ein Verlierer auf ganzer Linie, dieser Sohn einer angesehenen holländischen Familie. Vincent hieß er, und weil er der älteste Sohn war, erwartete man etwas von ihm. Kirche und Kunst lagen der Familie im Blut: Der Vater war Pastor, ein Onkel sogar Dechant in Amsterdam, drei andere besaßen Kunstgalerien in London, Paris, Brüssel und Amsterdam. Vincent wollte bei ihnen einsteigen. Mit 16 Jahren begann er eine Kunsthändler-Lehre in der renommierten Galerie „Goupil" in Den Haag, wechselte später in die Londoner Filiale, dann nach Paris. Doch nirgendwo kam er zurecht. Er scheiterte an seinem nicht besonders liebenswerten Charakter und an seiner Ehrlichkeit. Denn er weigerte sich, Kunst zu verkaufen, die er für wertlos hielt. Familie hin oder her: Vincent wurde schließlich entlassen und verließ den Kunsthandel.

Inzwischen war er 23 und so fromm wie es in seiner Familie üblich war. Deshalb versuchte er es mit dem zweiten Familienerbe: der Theologie. Doch weil er nur zwei Jahre die höhere Schule besucht hatte, fehlten ihm die Voraussetzungen für das Studium. Die Familie half. Ein Onkel nahm ihn in sein Haus in Amsterdam auf, ein anderer Onkel, der Dechant, sorgte für

Nachhilfeunterricht in Latein und Griechisch. Aber wieder scheiterte Vincent. Er hatte keinen Kopf zum Lernen, und eigentlich wollte er es auch nicht. In einem Brief an seinen Bruder Theo schrieb er: „Bedeutet die Tatsache, dass ich mich nicht zum Studium eigne, dass ich der Welt nichts nutzen kann? Was haben schließlich Latein und Griechisch mit Nächstenliebe zu tun? Ich gehöre dorthin, wo die Armen und Leidenden sind, und zwar jetzt – und nicht erst in ein paar Jahren!"

Vincent gab das Studium auf, meldete sich zu einem Schnellkurs für Prediger und obwohl er selbst hier durchfiel, bekam er zur Probe eine Stelle in einem belgischen Kohlerevier. Krankheit, Armut und Elend herrschten dort, Unfälle waren an der Tagesordnung, es gab kaum ärztliche Versorgung und Kinder mussten Schwerstarbeit leisten. Doch Vincent fand hier seine Erfüllung. Er predigte, besuchte Kranke und tröstete die Familien, wenn wieder mal ein Unglück geschehen war. Er fuhr auch in die Grube ein, um zu sehen, wie die Männer und manchmal auch Frauen und Kinder schuften mussten.

Vincent fühlte sich herausgefordert, ihre Not zu teilen. Er mahnte zum Gottvertrauen in jeder Not und half voll Gottvertrauen, wo er konnte. Ja, sein missionarischer Eifer trieb ihn sogar, noch ärmer zu werden als die Armen selbst. Ein Einwohner der Borinage erinnerte sich: „Vincent zögerte nicht, alle seine Kleider zu verschenken. Als es so weit war, dass er kein Hemd mehr hatte und keine Socken am Fuß, haben wir gesehen, dass er sich Hemden aus Sackleinwand machte. Meine Mutter sagte zu ihm: ‚Herr Vincent, warum geben Sie denn alle Ihre Kleider weg? Sie sind doch aus einer feinen holländischen Pastorenfamilie'. Er antwortete: ‚Ach Ester, der barmherzige Samariter hätte noch mehr getan! Warum nicht im Leben anwenden, was man in der Bibel bewundert?'"

Weil man mit dieser Einstellung keine Karriere macht. Bei einem Überraschungsbesuch waren die Vorgesetzten entsetzt, in welchem Zustand sie ihren Prediger vorfanden. Würdelos nannten sie das, einem Kirchenmann nicht angemessen. Wieder wurde Vincent entlassen, diesmal gescheitert an seinem radikalen Verständnis der Botschaft Jesu. In dieser Zeit schrieb er seinem Bruder Theo von der Suche nach einem Platz in dieser Welt. Welcher das sein sollte, war ihm nicht klar, nur, dass er weiter suchen musste, „denn wenn ich nicht mehr suche, dann bin ich verloren."

Vincents heimliche Leidenschaft war das Malen. Deshalb wagte er einen dritten Versuch: Er meldete sich in einer bekannten Kunstschule in Brüssel zur Ausbildung an. Doch seine Lernversuche waren von wenig Erfolg gekrönt. Er fühlte sich unverstanden, hielt den Unterricht für sinnlos, die Lehrer für unfähig – und gab auf.

Mittel- und mutlos kehrte der gescheiterte Kunsthändler, gescheiterte Prediger, gescheiterte Maler zu seinen Eltern zurück. Doch auch dieses Experiment scheiterte. Nicht nur, dass der ganze Ort über diesen Versager auf ganzer Linie redete, er ließ auch weiterhin keine Peinlichkeit aus: Vincent verliebte sich in seine Cousine Kee und bedrängte sie sehr offensiv. Die Tochter eines Amsterdamer Dechanten war vor kurzem Witwe geworden und zur Erholung bei Vincents Eltern. Ihre Meinung über den Möchtegern-Maler und Möchtegern-Ehemann ist eindeutig. „Nein, nie, nimmer!", antwortete sie auf seinen überfallartigen Heiratsantrag. Sie kehrte nach Hause zurück und als Vincent ihr nachreiste, warf sein Onkel ihn hochkant hinaus. Totales Scheitern – jetzt auch noch in der Liebe.

Was Vincent blieb, war sein Gottvertrauen, seine feste Überzeugung, dass Gott auch auf krummen Linien gerade schreibt. Er wagte noch einen Neuanfang. Als Maler ohne Ausbildung. Seine Nachname war: van Gogh

**Die Religion der Gescheiterten**

„Diese neue Religion ist nichts für uns", sagten viele der Reichen und Angesehenen damals, als das Christentum neu entstand. Und das war auch verständlich. Schließlich sammelten sich in der jungen Kirche vor allem Sünder, Sklaven und Frauen. Dieser Rand der Gesellschaft ließ sich ansprechen von einem Glauben, in dem alle gleich viel zählen, in dem es keinen komplizierten Tempelkult gibt, keine Sitzordnung in der Gemeinde. Denen, die es gewohnt waren, auf den besten Plätzen zu sitzen, passte das gar nicht. „Dann bete ich vielleicht neben meiner Magd", empörte sich die Adelige. „Oder trinke aus demselben Kelch wie mein dreckiger Sklave", ergänzte der Gutsherr. „Oder teile das Brot mit einer Hure", schüttelte sich die wohlhabende Händlerin. Und so blieben die einfachen Leute, die mit Fehl und Tadel, oft unter sich. „Eine Religion der Gescheiterten", munkelte man. „Kein Wunder, schließlich verehren sie diesen Jesus, der den schlimmsten aller Verbrechertode gestorben ist. Furchtbar!"

Tatsächlich lagen diejenigen, die auf der Sonnenseite des Lebens standen, mit ihrer Einschätzung gar nicht so falsch. Ein kleiner Durchmarsch durch die Bibel zeigt: Judentum und

Christentum sind nicht die Religionen der Gewinner, sie leben vom Scheitern und vom Neubeginn.

**Der Anfang**

Am Anfang schuf Gott Himmel und Erde und Pflanzen und Tiere und Menschen, und er sah, dass es sehr gut war. So könnte eine Erfolgsgeschichte beginnen – doch es war keine. Denn kaum waren die ersten Menschen erwachsen, zeigte sich, dass ein grundsätzlicher Fehler in der Schöpfung liegt: Der freie Wille, der Adam und Eva zum Baum der Erkenntnis führte, zum Übertreten von Gottes Gebot. Daraufhin warf Gott sie aus seinem Paradies. Gibt es ein deutlicheres Zeichen dafür, dass das von Gott so ambitioniert gestartete „Projekt Mensch" gescheitert ist?

Es ist so sehr gescheitert, dass es sogar zum ersten Brudermord kommt: Kain erschlägt Abel, weil er meint, dass sein jüngerer Bruder von Gott mehr geliebt ist als er selbst. Aber immerhin: Adam und Eva versuchen einen Neuanfang. Sie setzen noch einen Sohn in die Welt und nennen ihn Set, zu deutsch „Setzling", und vertrauen darauf, dass er das Menschengeschlecht weiterführen wird. Macht er auch, aber moralisch wird es nicht besser: Die Menschen töten und stehlen, huren und betrügen bis Gott die Nase endgültig voll hat. Er sagt zu sich selbst: „Ich will den Menschen, den ich erschaffen habe, vom Erdboden vertilgen, mit ihm auch das Vieh, die Kriechtiere und die Vögel des Himmels, denn es reut mich, sie gemacht zu haben." (Genesis, Kapitel 6, 7). Projekt Schöpfung: gescheitert!

Doch offenbar hat Gott trotzdem noch ein bisschen Vertrauen in sich selbst. Er versucht es neu: mit dem einzigen guten Menschen, den er auf Erden finden kann, mit Noah. Und der vertraut seinem Schöpfer und führt den unmöglichen und völlig unverständlichen Auftrag aus, den Gott ihm gegeben hat. Er baut die Arche und rettet so von jeder Tierart ein Paar. Die neue Schöpfung beginnt, ein neuer Bund zwischen Gott und Mensch wird geschlossen. Doch seine Illusionen hat Gott verloren. Er verspricht Noah: „Ich will die Erde wegen der Menschen nicht noch einmal verfluchen; denn das Trachten des Menschen ist böse von Jugend an." So spricht jemand, der weiß, dass seine tollen Pläne gescheitert sind und es trotzdem weitergehen muss.

**Die Väter**

Gottes Vorliebe für das Scheitern und den Neubeginn bleibt. Schon Abraham muss völlig neu anfangen, in einem anderen Land, das niemand kennt. Voll Gottvertrauen wagt er es. Und er vertraut sogar in seinem wundesten Punkt, in seinem entscheidendsten Scheitern: der Kinderlosigkeit. Eine Katastrophe in der damaligen Zeit, eine Niederlage, wie sie ärger nicht sein kann. Doch Abraham glaubt an ein Wunder – anders als seine Frau Sara, die Gott auslacht, als der ihr im hohen Alter eine Schwangerschaft ankündigt. Abrahams Gottvertrauen reicht zum Glück für beide. Mit ihrem Sohn Isaak geht das Leben seines Stammes weiter.

Oder Jakob, einer der „Erzväter" in der Geschichte Gottes mit den Menschen. Er war nicht schuldlos gescheitert, er war viel mehr ein Betrüger, ein Erbschleicher, der fluchtartig seine Heimat verlassen musste, um nicht von seinem Zwillingsbruder Esau getötet zu werden. Ihm hatte er das väterliche Erbe genommen, doch der Trick war gescheitert. Zwar war Jakob juristisch gesehen jetzt der Erbe – aber was nützt das, wenn man in der

Verbannung leben muss, weil der stärkere Bruder einem nach dem Leben trachtet? Doch genau in dieser Situation, als Jakob einsam und verlassen durch die Wüste zieht, einen Felsbrocken als Kopfkissen bei Nacht, erscheint ihm Gott im Traum und setzt einen Neuanfang: „Das Land, auf dem du liegst, will ich dir und deinen Nachkommen geben, und sie werden zahlreich sein wie der Staub auf der Erde." (Genesis, Kapitel 28, 13-14). Jakob vertraut der Zusage Gottes, obwohl er vierzehn Jahre in der Fremde bleiben muss. Dann kehrt er nach Hause zurück, wirft sich vor seinem Bruder nieder und bittet um Verzeihung. Und das Wunder geschieht: Esau umarmt seinen Bruder Jakob und nimmt ihn an. Vierzehn Jahre, so lange kann es manchmal dauern, bis aus dem Scheitern ein Neubeginn wird.

**Die Propheten**

Eine der schlimmsten Aufgaben, die man von Gott zugewiesen bekommen konnte, war die des Propheten. Denn Propheten sind unbequem. Sie müssen ihre Mitmenschen, auch die Mächtigen, kritisieren und zurechtweisen, sie müssen warnen, drohen und Unheil ankündigen. Wer macht sich mit so etwas schon beliebt? Und wer glaubt einem schon die bösen Prophezeiungen und folgt den Anweisungen des Propheten? Nein, bei Propheten war das Scheitern eher die Regel als die Ausnahme.

Zum Beispiel Jeremia. Fünfzig Jahre lang zog er als Prophet durch die Lande. In Jerusalem hörte man seine Rufe, die zu Umkehr und Buße ermahnten, überall: im Tempel, unter dem Stadttor und selbst im Gefängnis, in das man ihn gesteckt hatte, weil seine Unheilsbotschaft die öffentliche Moral zersetzte. Dabei behielt er eigentlich Recht, denn das Volk Israel erlebte damals eine schlimme Zeit voller Kriege und Not. Sie gipfelte darin, dass der babylonische König Nebukadnezar Jerusalem eroberte, den Tempel zerstörte und die Bevölkerung nach Babylon verschleppte. Trotzdem wollte niemand auf Jeremia hören. Er wurde verlacht, als Volksverräter gebrandmarkt, in einer Schlammgrube gefangen gesetzt und in den Stock gelegt. Kein Wunder, dass er zwischendurch sein Amt niederlegen wollte. Doch selbst damit scheiterte er:

*Das Wort des Herrn bringt mir den ganzen Tag nur Spott und Hohn.*
*Sagte ich aber: Ich will nicht mehr an Gott denken, nicht mehr in seinem Namen sprechen, so war es mir, als brenne in meinem Herzen ein Feuer.*
*Ich quälte mich, es auszuhalten und konnte nicht.*

*(Jeremia, Kapitel 20, 8-9)*

Jeremia wusste, dass sein Auftrag gescheitert war. Das Volk war politisch besiegt, moralisch am Boden, für Gott verloren. Dennoch redete er jeden Tag neu. Weil er nicht anders konnte und weil er Gott vertraute: „Doch der Herr steht mir bei wie ein gewaltiger Held. Darum straucheln meine Verfolger und kommen nicht auf" (Jeremia 20, 11). Am Ende aber kamen sie doch auf. Die letzten in Jerusalem verbliebenen Juden zwangen Jeremia, mitzukommen ins ägyptische Asyl. Dort endete die Geschichte des gescheiterten Propheten, wie sie enden musste: Sein eigenes Volk brachte ihn um – nimmt man jedenfalls an.

Und dennoch scheint sich das Gottvertrauen des Jeremia irgendwie gelohnt zu haben. Denn kaum war er tot, verbreitete sich sein Ruhm, und seine Predigt von einer „Religion des Herzens" bekam großen Einfluss auf die nachwachsenden

Generationen. So ist das manchmal: Ein Mensch kann scheitern, seine Botschaft gewinnt.

**Jesus**

Nicht viel anders war es ja bei Jesus. Es gab sicher nicht wenige, die sagten: so eine gescheiterte Existenz. Über sein Leben bis zum ersten öffentlichen Auftreten im Alter von dreißig Jahren wissen wir fast nichts. Sehr gut scheint seine Stellung in seinem Heimatort Nazareth aber nicht gewesen zu sein. „Ist das nicht der Sohn des Zimmermanns?", fragten die Leute, als er in der Synagoge zu predigen begann. Mit dreißig nicht mehr als „der Sohn des Zimmermanns" zu sein, spricht nicht gerade für Jesus. Auch Frau und Kinder scheint er nicht gehabt zu haben, was in der damaligen Zeit für einen Juden sehr unüblich war. Denn erstens gehörte heiraten für einen frommen Juden zum guten Ton und zweitens war Jesus mit dreißig wirklich schon längst in den „besten Jahren". War er etwa „von Beruf Sohn", ständiger Gast im „Hotel Mama", gescheitert in Sachen Beruf und Familie? Und was seine plötzliche Wanderpredigerarbeit betraf, war selbst seine Familie skeptisch:

*Es war eine angesehene Familie irgendwo in einem kleinen Ort. Der Vater war Handwerker, die Mutter kümmerte sich um Kinder, Haus und Hof. Doch eines Tages änderte sich etwas, und das lag am ältesten Sohn. Früher hatte er dem Vater in der Werkstatt geholfen, doch jetzt wurde er immer unzuverlässiger. Er kam tagelang nicht nach Hause und was noch peinlicher war: Er begann öffentlich große Reden zu schwingen, zu „predigen", wie er selbst sagte. Einmal kam es vor, dass er dem Rabbi das Wort abschnitt und selber loslegte. Ein anders Mal stand er auf dem Marktplatz und redete von Gott und vom Himmel. „Woher hat er das?", fragte*

*sich die Mutter und der Vater meinte: „Soll er doch woanders predigen, dann blamiert er uns wenigstens nicht vor den Nachbarn."*
*Eines Tages war es besonders schlimm. Der selbst ernannte „Rabbi" redete im Nachbardorf. Verwandte, die dort lebten, kamen zu seinen Eltern und beschwerten sich: „So geht das nicht weiter mit eurem Sohn. Tut irgendwas. Er bringt ja noch die ganze Familie in Verruf!" Da schickte die Mutter die anderen Familienmitglieder los. „Holt den Jungen nach Hause. Er ist krank. Wir müssen ihn im Haus behalten und versuchen, ihm zu helfen."*
*Sie gingen in das Nachbardorf und fanden ihn sofort, denn schließlich sammelt sich dort, wo was los ist, gleich eine Menschenmenge an. Die Männer versuchten, sich nach vorne zu drängeln. „Hört nicht auf unseren Bruder. Er ist nicht ganz normal. Wir holen ihn nach Hause, dann ist wieder Ruhe im Dorf." Die Menge amüsierte sich über diesen Familienzwist. „He", riefen sie dem Prediger zu, „deine Familie ist da. Sie wollen, dass du nach Hause kommst."*
*–„Meine Familie?", antwortete der Mann. „Wer ist meine Familie? Schickt sie nach Hause. Sie verstehen mich nicht. Meine neue Familie, das sind die, die an meine Worte glauben."*

*(nach Markus, Kapitel 3, 20-21 und 31-35)*

Was soll aus einem werden, den sogar die eigene Familie für verrückt erklärt? Ein Gescheiterter! Denn objektiv betrachtet, hatte seine Predigt kaum Erfolg. Sicher, ein paar Leute folgten Jesus, sie glaubten an ihn, hielten ihn für den Messias. Andere genossen nur das Spektakel und zogen sich zurück, wenn es heikel wurde. Die meisten aber lehnten ihn ab. „Wieder einer dieser falschen Propheten“, sagten sie. Was er predigte, rauschte vorbei. Auf die Masse seines jüdischen Volkes gesehen, zu dem sich Jesus berufen fühlte, war seine Mission gescheitert.

Für ihn selbst kam es noch schlimmer. Der geballte Zorn der politischen und religiösen Führer kam auf ihn herab. Er wurde als Gotteslästerer und Volksverhetzer angeklagt und starb nach einem kurzen, ungerechten Prozess den Verbrechertod am Kreuz. Sein bester Freund verleugnete ihn, die Mitläufer liefen so schnell sie konnten nach Hause. Gescheitert. Ganz und total. „Eine Torheit“, sagten viele der Heiden, die später von Paulus und anderen missioniert werden sollen. „Ein Ärgernis“ sagten die Juden, zu denen Jesus sich gesandt wusste.
Doch Jesus starb wie Jeremia: voll Vertrauen auf Gott, den er liebevoll „Abba“ – Papa – nannte. Nur Gott konnte nach diesem fundamentalen Scheitern einen Neubeginn schaffen, einen Neubeginn, wie ihn die Welt noch nicht gesehen hatte, einen Neubeginn, der alle anderen Neubeginne, von denen die Bibel wahrlich voll ist, in den Schatten stellt.

Noch einmal: Das Christentum ist eine Religion, die vom Scheitern und vom Neubeginn lebt. Deshalb können sich alle, die gescheitert sind und neu beginnen möchten, in diesem Glauben gut aufgehoben fühlen. Die Bibel und die Geschichte der Kirche sind voll von gescheiterten Existenzen, denen Gott zu einem neuen Anfang verhilft. Wenn sie selbst es wollen, daran mit aller Kraft mitarbeiten und auf Gott vertrauen.

## *ZUM NACHDENKEN*

Lassen Sie Ihr Leben in Gedanken an sich vorüberziehen. Gehen Sie so weit wie möglich zurück. Nehmen Sie sich Zeit dazu. Vielleicht hilft ein Fotoalbum oder ein Tagebuch, um sich zu erinnern.

* Wann und woran sind Sie gescheitert? Denken Sie auch an die vermeintlich kleinen Momente des Scheiterns.
* Wie wichtig waren Ihnen diese Situationen damals? Wie wichtig sind sie in der Rückschau?
* Gab es einen Moment des Scheiterns, der Sie wirklich aus der Bahn geworfen hat?
* Gab es Momente des Scheiterns, die Sie im Nachhinein positiv beurteilen?
* Was hat Ihnen die Kraft gegeben, trotz des Scheiterns nicht aufzugeben?

In einer seiner kleinen „Geschichten vom Herrn Keuner" erzählt Bert Brecht, dass Herr K. nach langen Jahren zufällig einen Bekannten wiedertraf. „Sie haben sich überhaupt nicht verändert", begrüßte ihn der Mann. „Ach!", sagte Herr K. und erbleichte.

Wie beurteilen Sie Veränderungen und Neuanfänge?

* ... als Zeichen für Schwäche und Inkonsequenz?
* ... als Zeichen für Stärke und Mut?
* ... als Notwendigkeit des Lebens?

* ... als Momente der Spannung im Leben?
* Wie würden Sie reagieren, wenn Ihnen jemand nach Jahrzehnten sagt, Sie hätten sich „gar nicht verändert"?
* Möchten Sie sich verändern oder stimmen Sie dem Werbeslogan zu: „Ich will so bleiben, wie ich bin!"

Wenn Sie noch einmal Ihr Leben bedenken:

* Gab es wichtige Neuanfänge? Wenn ja: Waren sie erzwungen oder aus freiem Entschluss herbeigeführt?
* An welche Gefühle erinnern Sie sich dabei: Angst, Mut, Vorfreude, Trotz, Verzweiflung ...?
* Gibt es Situationen, über die Sie heute sagen: „Hätte ich mal (eher) einen Neuanfang gewagt!"?
* Gibt es Situationen, über die Sie heute sagen: „Hätte ich mal länger durchgehalten und nicht so schnell etwas Neues begonnen!"?

Erfahrungen des Scheiterns sind oft schmerzvoll und auch wenn man sie eines Tages überwunden hat, bleibt oft doch die Erinnerung an eine schwere Zeit. Der Kirchenvater Augustinus hatte dazu einmal einen Traum:

*Ich ging am Meer entlang mit meinem Herrn. Vor dem dunklen Nachthimmel erstrahlten, Streiflichtern gleich, Bilder aus meinem Leben. Und jedes Mal sah ich zwei Fußspuren im Sand: meine eigenen und die meines Herrn. Als das letzte Bild an meinen Augen vorübergezogen war, blickte ich zurück. Ich erschrak, als ich entdeckte, dass an vielen Stellen meines Lebensweges nur eine Spur zu sehen war. Und das waren gerade die schwersten Zeiten meines Lebens.*
*Besorgt fragte ich den Herrn: „Herr, als ich anfing dir nachzufolgen, da hast du mir versprochen, auf allen Wegen bei mir zu sein. Aber jetzt entdecke ich, dass in den schwersten Zeiten meines Lebens nur eine Spur zu sehen ist. Warum hast du mich allein gelassen, als ich dich am meisten brauchte?“*
*Da antwortete er: „Mein liebes Kind: Ich liebe dich und werde dich nie allein lassen, erst recht nicht in Nöten und Schwierigkeiten. Dort, wo du nur eine Spur gesehen hast, da habe ich dich getragen.“*

In schweren Situationen ist es oft nicht leicht mit dem Gottvertrauen. Auch Worte kommen schwer über die Lippen, der Kopf ist zu voll mit Problemen, als dass noch Platz wäre für Gott. Manchmal hilft ein Stoßgebet. Vielleicht dieses von Werner Schaube:

*Manchmal glauben wir, alles verspielt zu haben,*
*manchmal glauben wir: Jetzt ist alles aus.*
*Doch wo wir das Ende seh'n, bist DU der Anfang.*
*Wo wir das Ende seh'n, bist DU der Anfang.*

*Manchmal sehen wir keinen Ausweg mehr,*
*manchmal steht uns das Wasser bis zum Hals.*
*Doch wo wir das Ende seh'n, bist DU der Anfang.*
*Wo wir das Ende seh'n, bist DU der Anfang.*

*Manchmal wissen wir weder ein noch aus,*
*manchmal stehen wir vor dem Nichts.*
*Doch wo wir das Ende seh'n, bist DU der Anfang.*
*Wo wir das Ende seh'n, bist DU der Anfang.*

Foto: Kurt Holter · www.fotolia.de

# GOTTVERTRAUEN …

# … IN DER KRANKHEIT

*Auf dem Krankenbett wird der Herr dich stärken,*
*Krankheit verwandelst du in Kraft*

*(Psalm 41, 4)*

## *PORTRÄT*

„Es war schon irgendwie makaber.“ Heute kann Adelheid Weller leise lächeln, wenn sie daran denkt, wie sie von der Diagnose erfuhr, die ihr Leben verändern sollte. Brustkrebs. Ein großer Tumor in einer höchst aggressiven Form. „Ich bekam die Nachricht mitten im Karneval. Am Tag nach Weiberfastnacht.“ In Köln, wo die Sauerländerin seit Jahren lebte, sind diese Tage eigentlich Auszeit. Für Adelheid Weller aber begann im Karneval 2000 eine Auszeit ganz anderer Art.

Gerade erst war sie fünfzig geworden, im Beruf hoch engagiert. Sie hatte in Köln eine Altenpflegeschule mit aufgebaut.

„Mein Lebenswerk“, sagt sie. Deshalb galt der erste Gedanke der Seminarleiterin ihrem Beruf. „Ich habe die nächsten Tage damit verbracht, meine Abwesenheit zu regeln.“ Ihren Befund habe sie „als Fachfrau“ entgegengenommen, denn früher war sie Lehrerin für Krankenpflege gewesen. „Ich habe weiter funktioniert“, sagt sie. Alles sei abgelaufen wie ein Film. „Ich stand neben mir und habe mich gefragt: Was ist in der Schule zu tun?“

Am Aschermittwoch war alles vorbei: Adelheid Weller kam ins Krankenhaus. „Das war mein Einstieg in eine echte Kar-Zeit.“ Allerdings dauerte sie länger als die sechs Wochen bis Ostern. Erst die Operation. Sie war nicht ganz gelungen, denn immer wieder lief der Rest der Brust voll Sekret. „‚Wie sehen Sie denn aus?‘, rief eines Tages eine Schwester beim Verbandswechsel – das hat mich umgehauen.“ Dann die halbjährige Chemotherapie. „Mein ganzer Körper hat sich gewehrt. Es war schrecklich.“ Hinzu kam eine Depression, die sich Adelheid Weller heute durch ihren geschwächten Gesamtzustand erklärt. Jahrelang habe sie am Limit gearbeitet, und als die Krankheit kam, hatte sie einfach nichts zuzusetzen. „Ich war in einem Energie-Minus. Meine Ressourcen waren ganzheitlich zusammengebrochen.“ Acht Wochen war sie nach der Krebs-Reha zusätzlich in einer psychosomatischen Kur. In dieser Zeit starb ihr Bruder, der einzige nahe Verwandte, und er starb auch an Krebs. „Das hat mir das letzte Stück Heimat weggezogen und mich noch tiefer in die Depression gedrückt.“
In dieser Zeit während der psychosomatischen Kur bereitete man Adelheid Weller auf den wichtigsten Einschnitt ihres Lebens vor: „Sie werden nicht in Ihren Beruf zurückkehren können.“ Und das zu einer Frau, deren ganzer Lebensinhalt ihr

Beruf gewesen war. Denn nach einer frühen Enttäuschung in der Liebe, hatte sie sich ganz auf das besonnen, was sie selber kann: tun, schaffen, leisten, funktionieren. Gute, wirklich gute Arbeit abzuliefern, das machte ihr Leben aus, gute Arbeit mit Herz und Verstand. „Wenn ich schon keine eigenen Kinder hatte, dann waren die beiden Schulen, die ich mit aufgebaut hatte, immerhin meine geistigen Kinder." Und dann das: eine Krankheit, die man nicht nach einer schlimmen Zeit überwunden hat, sondern eine, die das ganze Leben auf den Kopf stellt und das, was ihm früher Sinn gab, unmöglich machte. Wie kommt man da raus? Einfach durch Gottvertrauen?

Nein, so einfach ist das nicht. Nicht bei Adelheid Weller und vermutlich bei niemandem. „Erst mal kam da ein großes schwarzes Loch", erinnert sich die Sauerländerin. Sicher, sie ist als Kind „gut katholisch" erzogen worden und Glaube, Gott und Kirche waren ihr in Jugendzeit und Ausbildung wichtig gewesen. „Aber diese Quelle habe ich später nicht mehr gespeist; sie ist im Machen und Leisten verloren gegangen." Mit dem Urvertrauen war es sowieso etwas schwierig. „Mein Vater, der für mich der Inbegriff der Geborgenheit war, ist gestorben, als ich neun Jahre alt war. Meine Mutter hat jeden Abend geweint, dass sie mich wieder einen Tag durchgebracht hatte. Das ist als Dauerkost nicht sehr gesund." Wem Vertrauen zu anderen fehlt, der macht alles selbst. „Ich habe Leistung dagegen gesetzt. Ich musste alles ‚ganz besonders' machen." Der strenge Katholizismus hat das gefördert. „Man hat mir den Gott gepredigt, für den fast alles Sünde ist und der immerzu fordert." Auch ein anstrengender Glaube. Zumal, wenn man plötzlich nichts mehr leisten kann, wenn man am Ende ist, wenn Kraft und Energie fehlen.

„Gottvertrauen zu entwickeln, war für mich Arbeit", bekennt die frühere Seminarleiterin. Und allein hätte sie es nie geschafft. Der Anfang war „das Staunen darüber, dass immer die richtigen Menschen zur richtigen Zeit da waren". Freunde, die die Hand gehalten haben, Therapeuten, die neue Wege eröffneten, Seelsorger, die die Nähe Gottes vorlebten. Ihr „Lebensglück" nennt sie diese Erfahrung und einen „Gottesbeweis". Adelheid Weller hat aber nicht nur gewartet, bis die Tür aufging, sie hat sie selber geöffnet. Durch Bücher, die sie gelesen hat, durch Kurse, die sie besucht hat, durch Gottesdienste, die sie mitgefeiert hat, durch Gebete, die sie ausprobiert hat. Zum Beispiel während der Krebs-Reha. „Tag für Tag bin ich zur evangelischen Auferstehungskirche gegangen. Dort war ein Labyrinth im Boden eingelassen. Wie ein Kind bin ich es jeden Tag gegangen und irgendwann dachte ich: Der Weg entsteht im Gehen."

Auch der Weg zu Gott. Und so entwickelte sich langsam, aber sicher der Glaube, dass Gott da ist. „Gott ist ein mitgehender Gott", sagt Adelheid Weller. Er geht auch mit in Krankheit und Leid. Und mehr noch: Er geht nicht nur mit, um zu trösten, er geht mit, um Neues entstehen zu lassen. So lebt Adelheid Weller inzwischen nicht mehr allein, sondern ist nach Münster zu einer MS-kranken Freundin gezogen. Und sie engagiert sich dort ehrenamtlich im Verein „Mut – Frauen und Männer im Kampf gegen Brustkrebs e.V.“. Sie bietet für krebskranke Frauen Wochenenden mit spirituellen Inhalten an, hat sich zur Enneagramm-Trainerin ausbilden lassen, macht telefonische Beratung und ist Gasthörerin im Fach Spiritualität einer Ordenshochschule. Alles Dinge, die sie ohne ihre Erkrankung nie getan hätte. Ihr Stichwort ist: Verwandlung. „Ich habe gelernt, das, was ist, anzunehmen, es Gott hinzuhalten und um Verwandlung zu bitten.“ Geheilt wird sie niemals ganz, der alte Zustand ist für immer dahin. Aber Adelheid Weller hat das Vertrauen, dass Gott das, was zunächst nur schlimm aussieht, in Gutes verwandelt. „Gott hat mich in Neuland geführt“, sagt sie, und: „Umwege erweitern die Ortskenntnis.“

## *ZUR SACHE*

**Ich wünsche dir Gesundheit**

Was ist Ihr liebster Geburtstagswunsch? „Viel Glück und viel Segen“ oder „Happy birthday“ oder „Alles Liebe und Gute“? Im Kinder- und Jugendalter schmettert man noch „Wie schön, dass du geboren bist“, aber spätestens ab 50 geht der Blick dem Ende zu. „Vor allem Gesundheit“, das wünscht man sich zum Geburtstag, zu Neujahr oder zum Hochzeitstag. Vor allem Gesundheit, denn Gesundheit gilt als das höchste Gut. Für die Gesundheit tun viele viel, kaufen Ratgeber über Ernährung und Sport, geben das Rauchen auf und beginnen mit Nordic Walking oder dem Frühschwimmen. Für unsere Gesundheit können wir was tun, lautet das Motto, und das stimmt ja auch. So sehr, dass immer wieder Betrügereien mit Gesundheitspillen, -salben oder -tees bekannt werden. Sogar das Gesundheitsfernsehen gibt es inzwischen. 24 Stunden Tipps und Tricks, wie wir gesund bleiben oder wieder werden. Und immer wieder gaukelt uns die Werbung vor: Wenn wir nur dieses oder jenes tun oder lassen, dann sind wir fit bis ins hohe Alter. „Vor allem Gesundheit“ – wer wünscht das nicht für sich und seine Lieben.

Das Dumme ist nur: Gesundheit ist nicht immer machbar. Manchmal ereilt selbst nichtrauchende Sportler der Lungenkrebs, junge Erwachsene erkranken an MS, Frauen bekommen den genetisch bedingten Brustkrebs, aus dem Urlaub schleppt man gefährliche Infekte an, Unfälle sorgen für schwere Verletzungen. Krankheit – da sind wir ausgeliefert, da erschöpfen sich oft die eigenen Möglichkeiten, da sind wir auf andere angewiesen. Wer will das schon? Krankheit ist auch ärgerlich. Sie reißt raus, passt nicht in den Terminkalender, wirft Urlaubspläne und Familienfeiern über den Haufen. Und wenn sie ernst ist, macht sie Angst, dann bedroht sie unser Leben. Bei schwerer Krankheit hört der Spaß auf und neben medizinischen Therapien stellt sich die Frage: Warum ich? Warum mein Mann, meine Frau? Warum der Vater dieser Kinder? Warum die Mutter, die gebraucht wird? Warum so jung? Warum?

Warum? Das haben sich alle Völker und Generationen gefragt. Und dahinter stand und steht das Problem der Gerechtigkeit. Früher klangen die Fragen etwas altmodisch, etwa: „Warum muss der Gerechte leiden?“ Die Bibel ist voll von diesen Glaubensfragen, denn den Menschen damals war klar: Wenn jemanden etwas so existentiell bedroht wie eine schwere Krankheit, dann ist das nicht nur Schicksal oder eine genetische Veranlagung oder eine „unglückliche bakterielle Infektion“. Wenn etwas den Menschen existentiell bedroht, dann hat Gott damit zu tun, denn Gott hält alles in der Hand. Warum also lässt er leiden? Und kann man etwas tun, damit es mich selbst nicht trifft?

### Krankheit und Schuld

Die ältesten Teile der Bibel haben ein großes Vertrauen in Gottes Gerechtigkeit. „Tun-Ergehens-Zusammenhang“ nennen die Bi-belwissenschaftler das. Soll heißen: Wer Gottes Gebote hält, dem geht es gut. So sagt Gott im Buch Exodus zu seinem Volk:

*„Wenn du auf die Stimme deines Herrn, deines Gottes hörst und tust, was in seinen Augen gut ist, wenn du seinen Geboten gehorchst und auf alle seine Gesetze achtest, werde ich dir keine*

*der Krankheiten schicken, die ich den Ägyptern geschickt habe. Denn ich bin der Herr, dein Arzt.“*

*(Exodus, Kapitel 15, 26)*

Die Ägypter, das waren die Bösen, die wurden von Gott geschlagen, sein Volk bleibt gesund. Als der biblische Hiob von Geschwüren gepeinigt vor der Stadt im Dreck saß und seine Freunde ihn besuchten, da hatten sie nur einen Gedanken:

*„Bedenke doch! Wer geht ohne Schuld zugrunde? Wo werden Redliche im Stich gelassen? Wohin ich schaue: Wer Unrecht pflügt, wer Unrecht sät, der erntet es auch. Durch Gottes Atem gehen sie zugrunde, sie schwinden hin im Hauch seines Zorns.“*

*(Hiob, Kapitel 4, 7-8)*

Aber einen Trost und eine Hoffnung haben sie auch: Gottvertrauen und Buße!

*„Wohl dem Mann, den Gott zurechtweist. Die Zucht des Allmächtigen verschmähe nicht. Denn er verwundet und er verbindet. Er schlägt, doch seine Hände heilen auch.“*

*(Hiob, Kapitel 5, 17-18)*

So einfach ist das: Krankheit – ein Zeichen für Schuld und Sünde. Doch wer bereut und Gott vertraut, der wird geheilt. So dachten die Menschen damals.
Heute bleibt Gott aus dem Spiel. Doch Schuld und Sünde sind immer noch aktuell. Zu oft gesündigt hat der Diabetiker, zu viel

getrunken der Leberkranke, zu viel riskiert der Sportinvalide, zu viel gearbeitet der Herzinfarkt-Patient. Tun-Ergehens-Zusammenhang in moderner Form.

**Der leidende Gerechte**

Aber was ist mit dem, der alles richtig macht und trotzdem leidet? Die Bibel kennt diese Erfahrung – und weiß nicht recht damit umzugehen. Ein Versuch: der leidende Hiob. Er war, so sagt es die Bibel, „untadelig und rechtschaffen; er fürchtete Gott und mied das Böse". Entsprechend reich war er an Besitz und Kindern und Gesundheit. Bis er alles verlor. Erst den Besitz, als die Sabatäer einfielen. Dann die Kinder, als ein gewaltiger Sturm das Haus zum Einstürzen brachte und alle unter sich begrub. Dann die Gesundheit, als ihn von der Fußsohle bis zum Scheitel Geschwüre befielen. Warum? Die Geschichte spiegelt die alte Frage: Ist Gott so machtlos, dass er den Gerechten nicht beschützen kann? Die Antwort der Bibel erscheint uns kurios: Nein, Hiob hat nicht gesündigt, sein Leid ist keine Strafe. Nein, Gott ist auch nicht machtlos. Im Gegenteil: Eine Wette war es, eine dumme Wette zwischen Gott und dem Teufel. „Hiob glaubt nur an dich, weil du ihn so verwöhnst und mit Wohltaten segnest", wettet der Teufel. „Nein, er glaubt auch an mich, wenn er alles verliert", wettet Gott und gibt Hiob – seinen Besitz, seine Kinder, seine Gesundheit – in die Hand des Teufels. Und das Ergebnis des Tests: „Der Herr hat's gegeben, der Herr hat's genommen, der Name des Herrn sei gepriesen." Gott hatte Recht, natürlich. Hiob war ein Guter, der auch im Unglück nie sein Gottvertrauen verlor. Als seine Frau ihn deswegen beschimpft, antwortet er: „Wie eine Verrückte redet, so redest du. Nehmen wir das Gute an von Gott, sollen wir dann nicht auch das Schlechte annehmen?"

Und was ist die Folge dieses Glaubens, dieses unendlichen Gottvertrauens? Gott wendet das Schicksal Hiobs. Er stellt seine Gesundheit wieder her, schenkt ihm neue Kinder und verdoppelt seinen Besitz. Tun-Ergchens-Zusammenhang, nur etwas komplizierter.

Und doch bleibt ein Rest von Skepsis. Gibt es ihn nicht doch, den unschuldig Leidenden? Ist die Krankheit nicht schlimm genug, muss man auch noch grübeln, wo man Gott beleidigt hat? Der Prophet Jesaja singt das Lied über den leidenden Gottesknecht:

*Er wurde verachtet und von den Menschen gemieden,*
*ein Mann voller Schmerzen mit Krankheit vertraut.*
*Wie einer, vor dem man das Gesicht verhüllt, war er verachtet.*
*Wir schätzten ihn nicht.*
*Aber er hat unsere Krankheit getragen*
*und unsere Schmerzen auf sich geladen.*

Krankheit und Schmerz als stellvertretendes Opfer für andere. Freiwillig hat der leidende Gerechte, der später mit Jesus Christus gleichgesetzt wird, das auf sich genommen. Und natürlich gibt es dafür die wohlverdiente Belohnung:

*Der Herr fand Gefallen an seinem zerschlagenen Knecht.*
*Er wird Nachkommen sehen und lange leben.*
*Nachdem er so vieles ertrug, erblickt er das Licht.*
*Er sättigt sich mit Erkenntnis.*

Eines ist der Bibel also klar: Wer leidet – gleich ob schuldig oder unschuldig – der erhält seinen Lohn, wenn er Gott vertraut. Wenn er sein Schicksal annimmt und in Gottes Hand legt. Denn Gott ist nahe auch im Leid. Und er hat die Macht, das Schicksal zu wenden. Ihn mit Gebeten zu bestürmen, ist gut und richtig. „Höre mein Gebet, Herr, und vernimm mein Schreien. Schweige nicht zu meinen Tränen“, heißt es in Psalm 39. „Sammle meine Tränen in einem Krug“, bittet der Leidende in Psalm 56. Und das „Buch der Klagelieder“ im Alten Testament ist nichts anderes als eine lange Klage darüber, wie sehr Gott sein ungehorsames Volk geschlagen hat in seinem Zorn. Und es endet so: „Erneuere, Gott, unsere Tage, damit sie werden wie früher. Oder hast du uns ganz verworfen? Zürnst du uns über alle Maßen?“

Das Vertrauen, dass Gott die Bitten des Volkes oder einzelner Menschen erhört, ist gerechtfertigt, meint Jesus. Seinen Jüngern erzählt er die Geschichte von dem ungerechten Richter, der dem Schreien und Flehen einer Witwe nachgibt, nur um endlich Ruhe zu haben. Und Jesus schließt: „Sollte Gott seinen Auserwählten, die Tag und Nacht zu ihm schreien, nicht zu ihrem Recht verhelfen, sondern zögern? Ich sage euch: Er wird ihnen unverzüglich ihr Recht verschaffen“ (Lukas, Kapitel 18, 1-8).

**Hilft Gottvertrauen beim Gesundwerden?**

Wenn wir eines von Jesus wissen, dann dies: Er hat Kranke geheilt. So viele offenbar, dass die Evangelien die Heilungen kaum noch einzeln beschreiben. Und: Er hielt nicht nur Predigen, sondern auch Heilen für eine Aufgabe seiner Jünger.

Das Lukasevangelium erzählt: „Dann rief er die Zwölf zu sich und gab ihnen die Kraft und die Vollmacht, die Dämonen auszutreiben und die Kranken zu heilen. Und er sandte sie aus mit dem Auftrag, das Reich Gottes zu verkünden und zu heilen.“ (Lukas, Kapitel 9, 1-2). Wen aber heilen Jesus und seine Jünger? Warum heilen sie?

Zunächst: Sie heilen nicht als Beweis! Eine Verbindung nach dem Motto „Heile mich, dann glaube ich“, gibt es nirgendwo. Überhaupt sind die damaligen Heilungen keine eindeutigen Zeichen. Die einen interpretieren sie so, die anderen anders. Die einen sagen „Er treibt die Dämonen mit den Dämonen aus“, die anderen schwören „Wahrlich, das ist Gottes Sohn“. Und wieder andere werden vermutlich gesagt haben: „Ein glücklicher Zufall“. Es ist wie heute: Gesund zu werden ist ein Zusammenspiel vieler Kräfte, äußerer und innerer, medizinischer und psychischer. Ein Beweis für irgendetwas ist es nie.

Wohl aber haben die Heilungen in der Bibel mit dem Glauben zu tun. So berichtet Markus: Weil Jesus in seiner Heimatstadt keinen Glauben vorfand, konnte er dort kein einziges Wunder tun (Markus, Kapitel 6, 5). Und nach vielen Heilungen sagt Jesus „Dein Glaube hat dir geholfen“, etwa nach der Heilung des Blinden in Jericho (Markus, Kapitel 10, 52) oder der Frau, die schon zwölf Jahre an Blutungen litt (Matthäus, Kapitel 9, 22). Dabei kommt es auch nicht darauf an, ob die Kranken offiziell „rechtgläubig“ sind, regelmäßig in die Synagoge gehen und brav die Gebote halten. So heilt Jesus die Tochter einer kanaanäischen (also heidnischen) Frau, die bittet und bettelt und nicht von ihm ablässt (Matthäus, Kapitel 15, 21-28). Geholfen hat hier der Glaube der Mutter, nicht der Glaube der Kranken selbst. Die Mutter ist davon überzeugt, dass Jesus helfen kann. Ähnlich im Alten Testament. Der Prophet Elischa heilt niemanden aus seinem eigenen Volk, den Juden. Er befreit nur den Syrier Naaman vom Aussatz, als der kommt und den Propheten um Hilfe bittet (Das zweite Buch der Könige, Kapitel 5).

Sind Glaube und festes Gottvertrauen also Voraussetzungen, wenn Jesus in der Kraft Gottes heilt? Noch nicht einmal das ist in der Bibel eindeutig. Als etwa der Vater eines epileptischen Jungen um Hilfe bittet, fordert Jesus ihn auf, er müsse nur glauben, dann würde dem Sohn geholfen. Das aber kann der Vater nicht oder jedenfalls nicht stark genug. „Ich glaube, hilf meinem Unglauben!", bekennt er – und das reicht schon (Markus, Kapitel 9, 24). Glaube, das weiß Jesus, ist eben nie abgeschlossen, nie fertig. Er erwartet nicht, dass man ihn als Sohn Gottes erkennt oder das ganze Glaubensbekenntnis aus tiefster Seele bejaht. Jesus erwartet nur Offenheit des Herzens, das Vertrauen, sich einzulassen auf Gott, die Fähigkeit, sich beschenken zu lassen. Das ist nicht viel. Aber zu viel für Menschen, die in sich verkapselt sind, festgefügt in ihren Ansichten und unfähig, mit den Augen des Herzens zu sehen. Wie die biblischen Pharisäer, rechtgläubig und fromm, aber innerlich verhärtet. Ihnen kann Jesus keine Hoffnung machen: „Diesen Menschen wird niemals ein Zeichen gegeben werden." (Markus, Kapitel 8, 11-13).

**Und was sagt die Medizin dazu?**

Dass Heilung mehr ist als ein optimales Zusammenspiel von Chemie und Handwerk, ist eine Binsenweisheit. Psychische und soziale Umstände spielen oft eine große Rolle, wenn es um den Prozess der Genesung geht. Wenig aber wird in Deutschland über die Rolle des Glaubens gesprochen.

**Wunderheilungen**

Es gibt sie, die Wunderheilungen, die sich in Lourdes und anderswo abspielen. Heilig gesprochen wird in der katholischen Kirche nur, auf dessen Fürsprache sich nachweislich ein Wunder ereignet hat – meist ein Heilungswunder. Mehrere neutrale ärztliche Kommissionen sind für den Nachweis zuständig, sagt Prälat Helmut Moll, der seit über zehn Jahren in der päpstlichen Kommission für Selig- und Heiligsprechungen arbeitet. Drei Kriterien beurteilen sie aufgrund der eigenen Anschauung und der Krankenakten: die Plötzlichkeit der Heilung, die Voll-ständigkeit und die Dauerhaftigkeit. „Man sagt, sie prüfen streng", betont der Prälat, denn „man möchte ja nicht als Scharlatan dastehen". Und was stellen sie fest? Ein Wunder? Nein! „Die Ärzte können keine Beweise für Wunder erbringen, sondern nur ihre eigene Ohnmacht feststellen", sagt Moll. Soll heißen: Sie müssen zugeben, dass sie eine Heilung rein medizinisch nicht erklären können und das „fällt Menschen, die sich oft als Halbgötter in Weiß verstehen, ziemlich schwer". Schon gar nicht können sie sagen, wie groß der Glaube des Patienten oder seiner Angehörigen war. Doch immerhin: Der japanische Anthropologe Hiroshi Oda hat mit zwölf Krebspatienten intensive Gespräche geführt, deren Krebszellen sich spontan zurückgebildet haben – ein Glücksfall, der nur in einem von hunderttausend Fällen auftritt. Sein Ergebnis: Der Glaube an „das Göttliche" oder die Fähigkeit, „das Licht" in sich aufzunehmen, war eine auffallende Gemeinsamkeit der Patienten.

**Glaube hilft heilen – aber wie?**

Wie sehr Glaube, Gebet und Gottvertrauen bei normalen Heilungen hilft, ist in Deutschland kaum erforscht. Religion ist hier kein Thema der Medizin. Hilfreich ist deshalb ein Blick in die USA, wo Religion eine weit größere Bedeutung in allen gesellschaftlichen Bereichen hat. Dort gibt es beispielsweise ein eigenes „Handbuch für Religion und Gesundheit". Darin sind mehr als 1200 Studien erfasst, die einen statistischen Zusammenhang zwischen körperlicher Gesundheit und persönlichem Glauben beweisen. In den USA wundert sich niemand darüber. Das Achten auf die spirituellen Bedürfnisse der Patienten gehört dort zur medizinischen Ausbildung und angeblich ist es keine Seltenheit, dass Ärzte mit ihren Patienten beten. In Deutschland ist das undenkbar – oder würde als Todesurteil interpretiert.

In Deutschland hat sich vor allem Professor Dr. Linus Geisler mit dieser Frage befasst. Er arbeitete von 1976 bis 1999 als Chefarzt der Medizinischen Klinik am St. Barbara-Hospital in Gladbeck. Außerdem war er von 2000 bis 2005 Sachverständiger in den Enquetekommissionen des Deutschen Bundestages „Recht und Ethik in der modernen Medizin". Er hält Gottvertrauen keineswegs für ein Placebo, das nur wirkt, weil man daran glaubt. „Anders als beim Placebo passiert tatsächlich etwas im Körper, wie vor allem die Hirnforscher herausgefunden haben", betont er im Gespräch. Zudem hätten Untersuchungen bei HIV-Patienten ergeben, dass Glaube und Gebet tatsächlich das Immunsystem stärken. Glaubende hätten im Krankheitsfall einen Vorteil: „Sie haben mehr Hoffnung, mehr Kraft und können besser mit der Krankheit umgehen." Zudem lebten Glaubende oft in stabilen zwischenmenschlichen Beziehungen, hätten Menschen um sich, die das Leid mit tragen. Das alles trage zur Heilung entscheidend bei. Dass dazu noch Gottes Gnade kommt, hält der Mediziner für durchaus möglich, „aber das kann man natürlich nicht an Statistiken ablesen".

**Und wenn Heilung misslingt?**

Gottvertrauen in Krankheit hat eine Kehrseite. Falsch verstanden kann sie die Frage nach sich ziehen: „Habe ich nicht genug geglaubt und vertraut, wenn die Heilung misslingt?" Doch Gottvertrauen ist kein zusätzliches Medikament, das man in beliebiger Dosierung zusätzlich verordnen kann – selbst wenn es in den USA solche Versuche tatsächlich gibt. Gottvertrauen heißt auch: Sein Schicksal in Gottes Hand legen, in dem Vertrauen, dass er das Richtige tun wird. „Herr, lass diesen Kelch an mir vorübergehen", betete Jesus vor seiner Gefangennahme, und: „Doch nicht mein, sondern dein Wille geschehe".

Gottvertrauen heißt im Letzten auch, seine Krankheit anzunehmen, zu fragen, wie es trotz Krankheit und mit der Krankheit weitergehen kann. Welche neuen Möglichkeiten sich eröffnen, welche neuen Wege Gott mit mir gehen will. Gottvertrauen heißt auch: Den Weg, dessen Ziel ich noch nicht sehen kann, mutig weiterzugehen. Manchmal stellt es sich erst nach Jahren heraus, was Gutes im Schlechten verborgen lag.

Die Schweizer Psychotherapeutin Monika Renz hat in dem Buch „Grenzerfahrung Gott" spirituelle Erfahrungen von

Krebspatientinnen und -patienten gesammelt. Sie hat erkannt: Glaubende Menschen haben ein versöhnteres Verhältnis zu ihrer Krankheit – und gerade darin liegt oft eine Linderung der Symptome.

## *ZUM NACHDENKEN*

Welcher der folgenden Aussagen würden Sie zustimmen? Was haben Sie bei sich oder anderen schon erlebt?

* Krankheit ist eine Betriebsstörung. Ich bin froh, wenn alles wieder auf Normaltemperatur läuft.
* Krankheit ist ärgerlich. Sie bringt alle beruflichen und privaten Pläne durcheinander.
* Krankheit ist Schwäche, und Schwäche will ich nicht.
* Krankheit ist ein Alarmsignal des Körpers, der nicht so weitermachen kann wie vorher. Auf dieses Signal sollte ich hören.
* Krankheit ist eine wichtige Auszeit. Sie zeigt mir, dass ich nicht unersetzlich bin.

Der französische Schriftsteller und Nobelpreisträge André Gide schreibt: „Ich glaube, dass die Krankheiten Schlüssel sind, die uns gewisse Tore öffnen können."

* Welche Tore könnten das sein?
* Welche Tore sind Gesunden verschlossen?
* Kennen Sie Menschen, die sich durch Krankheit positiv verändert haben?
* Wird man durch selbst erlebte Krankheit einfühlsamer, geduldiger, mitleidiger?
* Gibt es auch Tore, die durch Krankheit verschlossen werden? Kann man das eine gegen das andere aufwiegen?

Der Prophet Jeremia schreibt: „Heile du mich, Herr, so werde ich heil."

- ✻ Halten Sie es für möglich, dass Gott eingreift, um zu heilen?
- ✻ Würden Sie um Heilung beten?
- ✻ Oder würden Sie um Kraft bitten, die Krankheit zu tragen?
- ✻ Kann Gott innerlich heilen, auch wenn die äußere Krankheit bestehen bleibt?
- ✻ Wie wichtig ist die Gesundheit des Leibes für das Heil Gottes?
- ✻ Ist Gesundheit für Sie das höchste Gut?

Wer schwer erkrankt ist, dem kann man Gottvertrauen nicht verordnen wie eine Tablette. Oft geht im Gegenteil das Gottvertrauen verloren. Warum ich? Wie konntest du mir und den Meinen das antun? Gibt es dich überhaupt? Hast du Macht etwas zu ändern? Interessieren wir dich überhaupt? Warum kommst du nicht zu Hilfe? Diese Fragen sind zulässig, sie sind gläubig, sie sind hilfreich. Oder wie der Dichter Heinrich Heine sagte, als er in schwerem Leiden zu Gott zurückgefunden hat:

*„Gottlob, dass ich jetzt wieder einen Gott habe. Da kann ich mir doch im Übermaße des Schmerzes einige fluchende Gotteslästerungen erlauben. Dem Atheisten ist eine solche Labung nicht vergönnt."*

Wie kann man dennoch Gottvertrauen zurückgewinnen? Vielleicht so:

* Hinsehen:
Was ist Gutes da? Was kann ich (noch oder wieder) selbst? Wo erfahre ich Liebe und Zuwendung durch andere? Ist mein „Glas" nicht doch halb voll statt halb leer?

* Staunen und Danken:
Es ist nichts selbstverständlich: dass ich lebe, dass ich atme, dass ich bin. Dass ich Freunde und Familie habe. Dass ich gut versorgt und gepflegt werde. Dass ich Zeichen der Liebe und des Mitfühlens erhalte.

* Erinnern:
Was hat Gott mir bislang bedeutet? Wann und wo habe ich ihn gespürt, fühlte ich mich getragen? Wann hat mir mein Glaube geholfen? Was waren für mich wichtige Gebete oder Texte? Welche Menschen haben mir Gott nähergebracht? Gab es religiöse Höhepunkte, an die ich gern zurückdenke?

* Üben:
Der Appetit kommt beim Essen, sagt der Volksmund. Dem Ziel komme ich nur durch viele kleine Schritte näher, weiß der Wanderer. Genauso brauchen Glaube und Gottvertrauen

viele kleine Schritte, manchmal mutige Schritte in das Nichts hinein.

* Ein Gebet, immer wieder gesprochen. Vielleicht dieses von Kurt Marti:

*Manchmal kennen wir Gottes Willen, manchmal kennen wir nichts.*
*Erleuchte uns, Herr, wenn die Fragen kommen.*
*Manchmal sehen wir Gottes Zukunft, manchmal sehen wir nichts.*
*Bewahre uns, Herr, wenn die Zweifel kommen.*
*Manchmal spüren wir Gottes Liebe, manchmal spüren wir nichts.*
*Begleite uns, Herr, wenn die Ängste kommen.*

*(Gotteslob, Nr. 299)*

* Ein Bibeltext, immer wieder gelesen. Vielleicht dieser aus dem dritten Kapitel des Buches Exodus:

*Mose weidete die Schafe und Ziegen seines Schwiegervaters. Eines Tages trieb er das Vieh über die Steppe hinaus und kam zum Gottesberg Horeb. Dort erschien ihm der Engel des Herrn in einer Flamme, die aus einem Dornbusch emporschlug.*

*Er schaute hin. Da brannte der Dornbusch und verbrannte doch nicht. Mose sagte: Ich will dorthin gehen und mir die außergewöhnliche Erscheinung ansehen. Warum verbrennt der Dornbusch nicht? Als der Herr sah, dass Mose näher kam, rief Gott ihm aus dem Dornbusch zu: Mose! Mose! Er antwortete: Hier bin ich. Der Herr sagte: Komm nicht näher, denn der Boden, wo du stehst, ist heiliger Boden. Dann fuhr er fort: Ich bin der Gott deines Vaters, der Gott Abrahams, der Gott Isaaks und der Gott Jakobs. Ich habe das Elend meines Volkes gesehen, und ihre laute Klage habe ich gehört: Ich kenne ihr Leid. Ich bin herabgestiegen, um sie aus der Hand der Ägypter zu entreißen und heraufzuführen in ein schönes, weites Land, in dem Milch und Honig fließen. Und jetzt geh: Führe mein Volk aus Ägypten heraus.*
*Da sagte Mose zu Gott: Gut, ich werde also zu den Israeliten kommen und sagen: Der Gott eurer Väter hat mich zu euch gesandt. Da werden sie mich fragen: Wie heißt er? Was soll ich Ihnen darauf sagen? Da antwortete Gott dem Mose: Ich bin der „Ich-bin-da“! So sollst du sagen: Der „Ich-bin-da“ hat mich zu euch gesandt.*

* Eine Kirche, immer wieder besucht. Vielleicht die Krankenhaus-Kapelle. „Du glaubst gar nicht, wie oft ich dort war“, sagt meine Mutter. Sie hatte Krebs und wir Kinder waren klein.

* Ein Mensch, immer wieder befragt. Vielleicht eine Seelsorgerin, der Kaplan von damals oder eine Freundin, die Ähnliches durchgemacht hat.

* Hoffen: Glaube ist Gnade, Gottvertrauen Geschenk. Und manchmal fordert Gott Geduld. Bei ihm sind eben tausend Jahre wie ein Tag.

Foto: Olga Shelego · www.fotolia.de

## GOTTVERTRAUEN …

## … IM ALTER

*„Ich bleibe derselbe, so alt ihr auch werdet;*
*bis ihr grau werdet, will ich euch tragen."*

*(Jesaja, Kapitel 46, 4)*

### *PORTRÄT*

„Nie wieder wirst du dich binden. Das Leid machst du nie wieder mit." Das stand für Martha Keese fest, als sie im Dezember 1998 ihren Mann durch Krebs verlor. Zu tief war das Loch, in das sie fiel, zu groß die Trauer um Fred, den Ausdauersportler, der immer gesund gelebt hatte und doch sterben musste. Sogar seine neuen Laufschuhe hatte sie ihrem Mann ans Bett gehängt – zum Aufbauen, obwohl die Ärzte ihn längst aufgegeben hatten. Gottvertrauen hatte Martha Keese schon damals. „Ich hab oft hier auf Knien gelegen", erzählt sie mit dem Blick auf den Fußboden des Wohnzimmers. „Ich habe gebetet: Gib uns die Kraft, das durchzustehen, was du mit uns vorhast." Die Kraft hat sie bekommen, „und Gott hat mir immer ganz liebe Menschen an die Seite gestellt." Zum

Beispiel den Krankenhausseelsorger, den sie durch Zufall in der Notaufnahme kennenlernte und der noch eine wichtige Rolle in ihrem Leben spielen sollte.
Als Fred nach langer Leidenszeit starb, war die Kraft zu Ende. Martha Keese fiel in ein Loch und beantragte eine psychosomatische Kur. Zuerst wurde sie abgelehnt, „das war wohl Fügung". Nach ihrem Widerspruch genehmigte die Krankenkasse gleich vier Wochen, und die trauernde Witwe fuhr nach Bad Wildungen. „Als ich losfuhr, wusste ich: Irgendwie hilft dir das. Alles wird sich zum Guten wenden."

Auch Rainer Lässig war total am Boden zerstört. Seine Frau Karin hatte nach langem Kampf in einer Tübinger Spezialklinik den Kampf gegen den Krebs verloren. Bei einer Routineuntersuchung war ein weißer Punkt in den Bronchien aufgefallen. Die gute Nachricht: Der Krebs hatte nicht gestreut. Doch Bestrahlungen und Chemotherapien sprachen nicht an. Schließlich entschlossen sich die Ärzte doch zur Operation, und das war der Anfang vom Ende. „Der Krebs ist von da an explodiert", erinnert sich der frühere Mercedes-Mitarbeiter. Im Juni 1998 ging es steil bergab. Rainer war ständig in der Klinik. „Eines Abends trat ich auf den Balkon, um zu rauchen", erinnert er sich. „Ein Viertel-Regenbogen stand am Himmel und kam auf das Krankenhaus zu. Da dachte ich: Jetzt wird Karin abgeholt." Er war dabei, als Karin starb. „Ich habe ihr noch eine Rose vom Nachttisch in die Hände gelegt, und dann bin ich durchgedreht." Geschrien hat er, völlig sinnlose

Wiederbelebungsversuche gemacht und ist schließlich auf den Gang gerannt. Die Nachtschwester, die die Tote von den Schläuchen befreien wollte, schmiss er raus. Als die Tochter kam, um ihren Vater mitzunehmen, bestand er darauf, allein zu fahren. „Auf dem Weg vom neunten Stock des Parkhauses nach unten habe ich zwei Wände gerammt, das war mir aber ganz egal."

Trotz der Nähe und der Bemühungen der Kinder kam Rainer Lässig nicht wieder auf die Beine. Auch eine siebenwöchige Reise mit einem Frachtschiff in die Karibik, mit der der frühere Schiffsingenieur Erinnerungen aufleben lassen wollte, half nichts. Als er zurückkehrte, ging er zwar wieder arbeiten, machte aber schwere Fehler, die seine Kollegen ausbügeln mussten. Er vereinsamte, trank zu viel. Irgendwann schritt der Sozialarbeiter der Firma ein und überredete ihn zu einer psychosomatischen Kur. Aus einer Reihe von Prospekten suchte sich der Privatpatient eine Kurklinik in Bad Wildungen aus. Nach zwei Wochen wurde unerwartet ein Zimmer frei. „Aber nur, wenn Sie sofort kommen." Er fuhr sofort, denn: „Ich wollte nicht vor die Hunde gehen. Ich dachte mir: Ich mache alles, damit es mir wieder besser geht."

Was dann kam, war für Martha Keese nichts als Fügung. „Ich hatte am ersten Tag eine Führung durchs Haus, sah nach rechts und dachte: ‚Uff! Da ist ja mein Fred, nur kleiner'. Und ich bekam fürchterliches Herzklopfen." Immer wieder suchte sie die Nähe dieses Mannes, Rainer Lässig, wie sie erfuhr. Sie redeten, auch über ihre Schicksale, kamen sich näher. „Doch dann kriegte ich eine Abfuhr“, sagt Martha, die inzwischen Lässig heißt, lachend: „Eines Abends zeigte er mir seine Hand mit dem Ehering und sagte: ‚Für eine neue Beziehung bin ich noch viel zu gebunden.‘“

Auch Martha war im Zweifel: „Ist das nicht Verrat an Fred? Er ist doch gerade mal ein Dreivierteljahr tot!“ Doch ihr Gottvertrauen half ihr. „Gott, mach es so, wie du es meinst“, betete sie.

Die Krankenkasse genehmigte zwei Wochen Verlängerung, und diese zwei Wochen waren entscheidend für die beiden. Es funkte auch bei Rainer, „so richtig mit Schmetterlingen im Bauch“. Lange Gespräche folgten, Spaziergänge, Händchenhalten, der erste Kuss, die innige Umarmung beim Abschied. „Als ich im Zug nach Hause fuhr, dachte ich: Was hast du denn jetzt wieder angestellt?“, erinnert sich Rainer Lässig. „Ich habe dann auf der Fahrt alles durchdacht, und als ich in Stuttgart ankam, wusste ich: Ich habe es richtig gemacht.“

Natürlich war das alles nicht einfach. Zwei ältere Leute, zwei Lebensgeschichten, zwei Lebensauffassungen, zwei weit voneinander entfernt liegende Wohnorte. Dann die Reaktionen der Familien, der Freunde und Bekannten. „Verrat!“ wurde nicht selten gemunkelt und der Kontakt abgebrochen. Dennoch war Rainer und Martha von Anfang an klar: „Wir zwei gehören zusammen!“ Nach zehn Tagen besuchte der Reutlinger seine

Martha zum ersten Mal in Osnabrück. Auf der Rückfahrt nahm er sie gleich mit. In dieser Zeit musste sich Martha mit der Rentenkasse um ihre Frühverrentung auseinandersetzen, nachdem sie aus der Kur als arbeitsunfähig entlassen wurde. „Ich war so dankbar, Rainer an meiner Seite zu haben."

Nach einem Jahr, das Martha hauptsächlich in Reutlingen verbrachte, trat Rainer in den Ruhestand und zog zu Martha nach Osnabrück. Dort lernte er eines noch näher kennen, als er es bisher schon kannte: Marthas Gottvertrauen. Sie nahm den Ungetauften mit zu Pastor Hans-Jürgen Obermeyer, jenem Seelsorger, den sie zufällig in der schweren Zeit vor Freds Tod im Krankenhaus kennengelernt hatte. „Pastor Obermeyer ist uns geschickt worden", sagen sie heute beide. Lange Gespräche hat Rainer mit ihm geführt, angenommen habe er sich gefühlt, auch in der Kirchengemeinde, in der Martha zu Hause war. „Da fing ich wieder an zu beten." Auch auf die Taufe bereitete er sich vor – und auf die kirchliche Trauung, die im Mai 2001 stattfand. „Die kirchliche Hochzeit war für mich sehr wichtig", sagt Martha, und Rainer nickt zustimmend. Den Segen Gottes zu bekommen für diesen ungewöhnlichen Schritt, im Alter eine neue Ehe zu wagen. Denn Gottvertrauen brauchte es dazu. Schließlich wissen beide, dass nicht mehr die Jugend, nicht die volle Kraft vor ihnen liegt, sondern der gemeinsame Weg auf das Ende zu, ein Weg, der auch von körperlichem Abbau, von Krankheit und Tod gekennzeichnet sein wird. „Diese Hochzeitsfeier habe ich ganz anders erlebt als die erste mit 25 Jahren", sagt Martha. „Diese hat mich ganz tief erfüllt."
Rainer und Martha Lässig sind Gott dankbar, dass sie diesen letzten Lebensabschnitt gemeinsam gehen können. „Wir haben einander geschenkt bekommen", sagen sie. „Unsere Beziehung

ist – gerade weil wir älter sind – viel breiter und intensiver", ergänzt Rainer. Den ganzen Tag verbringen beide zusammen, engagieren sich gemeinsam in der Kirchengemeinde, in der Caritas-Arbeit, in der Nachbarschaft. „Natürlich kracht es bei uns auch mal", gibt er zu. „Aber das Grundgefühl ist: wir beide!" Und das im Vertrauen darauf, dass Gott der Dritte im Bunde ist.

Das ist wichtig, gerade im Blick auf die Zukunft. Die ersten Anzeichen des Alters spüren sie schon: Rainer trägt ein Hörgerät, Martha hat Arthrose. „Früher konnten wir stundenlang spazieren gehen, jetzt ist nach einer Stunde Schluss." Sie sagt das ohne Bedauern. „Und wenn es später nur eine Viertelstunde sein sollte oder einer im Rollstuhl sitzt: Wir genießen das, was geht, im Alter viel intensiver."

Gottvertrauen haben Martha und Rainer auch im Hinblick auf das Ende ihres Lebens. „Ich weiß, dass dieser Schmerz, den anderen zu verlieren, auf einen von uns eines Tages zukommt", meint Martha und ergänzt. „Aber wer weiß, vielleicht schenkt Gott uns auch die Gnade, dass wir zusammen gehen können." Und auf eines vertraut sie unbedingt: „Ich weiß, dass mir ganz sicher wieder geholfen würde." Schließlich haben das beide erlebt.

Die größte Hilfe aber ist ihr Gottvertrauen. Denn dadurch hatten sie den Mut, die Hilfe anzunehmen, das neue Glück zu ergreifen, einander zu vertrauen – trotz aller Unsicherheiten. Ob sie diesen Mut ohne ihr Gottvertrauen gehabt hätten, das ist ungewiss.

## *ZUR SACHE*

Zum Seniorenkreis? Nein, da wolle sie nicht hin, pflegte meine Oma zu sagen. „Da sind doch nur die Alten." Sie selbst war auch schon über achtzig, aber nur Kaffee trinken, Diabetikerkuchen essen und über Krankheiten reden – das war nichts für sie. „Das kann ich machen, wenn ich alt bin."

Alt sein ist relativ. Es ist so ähnlich, wie mit der gefühlten Temperatur: Wenn der eine das T-Shirt herausholt, bibbert der andere noch im Pullover, wenn die einen über die Hitze stöhnen, fängt es für die anderen an, schön zu werden. Eine objektive Grenze, wo das Alter beginnt, gibt es eben nicht – heute noch viel weniger als früher.

Und dennoch, bestimmte Daten machen doch zu schaffen. Der siebzigste, der fünfundsiebzigste, der achtzigste Geburtstag – bin ich jetzt alt? Und wenn die ersten Wehwehchen des Alters kommen – geht es jetzt los? Alt werden wollen alle, aber niemand will alt sein. Denn so sehr man sich auch dagegen sträuben mag, die Einschränkungen kommen, das Ende rückt näher. Deshalb ist das Alter für viele eine erfüllte Zeit, in der sie Unabhängigkeit und Freizeit genießen. Es ist aber auch eine Phase, in der man besonders viel Gottvertrauen braucht. Das Alter soll lange währen, die Gesundheit mitspielen und in allem, was kommt, soll Gottes schützende Hand im Spiel sein. Früher sagte man „mit dem Alter kommt der Psalter", sollte heißen: Im Alter, wenn das Ende naht, wird man automatisch fromm. Das stimmt so nicht mehr. Die Erfahrung zeigt: Wer siebzig Jahre lang nicht auf Gott vertraut hat, kommt in aller Regel später auch nicht mehr dazu. Und wer vermutet, im Alter mehr Zeit zu haben für Gott, für den Kirchenbesuch und für christliches Leben, der gibt sich Illusionen hin. Im Gegenteil. Weil der Tagesablauf nicht mehr fest strukturiert ist, verzetteln sich viele. Es gibt so vielfältige Angebote und Anfragen, seine Zeit zu verbringen, dass man plötzlich für nichts mehr Zeit hat. Gottvertrauen im Alter kann man brauchen. Aber es schadet nicht, es schon in jungen Jahren eingeübt zu haben.

## Alt sind viele

Die „Altersgesellschaft" ist heute in aller Munde, meist im Zusammenhang mit Problemen, etwa denen der Rentenkasse, der Kranken- und Pflegeversicherung. Und in der Tat erleben wir schon im eigenen Bekannten- und Familienkreis, dass die Menschen in der Regel immer älter werden. Auf dem Weg zur „Hochaltrigkeit", so nennen das die Experten. Die Zahlen sprechen für sich: Waren zu Beginn des 20. Jahrhunderts Sechzigjährige alt, Siebzigjährige die Ausnahme und Achtzigjährige ein Phänomen, erreichen jetzt rund 90 Prozent aller Menschen in Deutschland das sechzigste Lebensjahr. Danach können sie sich noch auf durchschnittlich 23,5 (Frauen) bzw. 19 Lebensjahre (Männer) freuen. Mädchen, die heute geboren werden, wird eine durchschnittliche Lebenserwartung von 81 Jahren vorhergesagt, Jungen von 75. Bald wird eine Lebenserwartung von 90 Jahren die Normalität sein.

Und bei diesem Trend ist kein Ende abzusehen. Mediziner diskutieren darüber, ob es ein biologisches Maximum für die Zellregeneration im Körper gibt. Zurzeit hört man immer wieder die Zahl von 110 bis 120 Jahren, aber mit einer gewichtigen Einschränkung: Die medizinische Forschung schreitet voran und niemand weiß, welche Möglichkeiten in der Zukunft entdeckt werden. Ewig werden wir nie leben, aber noch gilt: Die persönliche Lebensspanne nimmt zu. Statistisch gesehen. Aber wo in der Statistik werde ich liegen?

Die Menschen werden immer älter – das ist die eine Seite. Auf der anderen Seite sind die Geburtszahlen seit etwa 30 Jahren ständig rückläufig. Das bedeutet, dass der Anteil der Alten gegenüber den Jungen größer wird. Im Jahr 2020 wird in Deutschland etwa ein Drittel der Bevölkerung über 60 Jahre alt sein. Alt zu sein ist also normal. Alt sind viele, und in manchen Lebensbereichen, in manchen Gegenden oder Wohnorten ist sogar die Mehrzahl der Personen alt.

**Alt und fit**

Es ist keine Frage, dass das Altern den Körper biologisch beeinflusst. So verläuft die Reparatur und Regeneration der Zellen schon ab dem dreißigsten Lebensjahr langsamer. Naturgemäß sinkt mit den Jahren das Lungenvolumen, die Augen werden schwächer, hohe Töne sind nicht mehr so gut zu hören, Bänder, Sehnen und Muskeln sind weniger dehnbar, das Fassungsvermögen der Harnblase nimmt ab, die Haut wird weniger durchblutet. Außerdem wächst die Neigung zu Krebs und zu Herz-Kreislauf-Erkrankungen – um nur einige Beispiele zu nennen.

Diese Phänomene sind genetisch bedingt. Wie stark sie sich ausprägen, ist allerdings unterschiedlich. Mediziner sprechen von einer „kulturellen Koevolution". Das soll heißen: Nicht nur die jahrtausendealte Evolution, die in unseren Genen verankert ist, bestimmt unser Leben, sondern auch Kultur, Umwelt und Lebensbedingungen. Was in der Entwicklung von Kindern immer wieder diskutiert wird – was machen die Gene, was macht die Erziehung? – gilt ebenso für das Alter und die Gesundheit im Alter. Dass wir heute älter werden, liegt deshalb vor allem daran, dass unsere Lebensbedingungen besser geworden sind. Wir haben feste Häuser und Heizungen, so dass wir vor Kälte und Nässe geschützt sind. Niemand muss mehr hungern und auch die schwere körperliche Arbeit, die früher viele vorzeitig erschöpft hat, ist deutlich weniger geworden. Dazu kommt das eigene Verhalten wie gesunde Ernährung, genügend Bewegung, der Verzicht auf übermäßigen Alkoholkonsum und auf Nikotin. Statistiken zeigen: Die gesellschaftlichen wie die individuellen Faktoren tragen erheblich dazu bei, wie fit wir im Alter sind.

Hinzu kommen die ständig wachsenden medizinischen Möglichkeiten. Krankheiten, die früher tödlich verliefen, können heute geheilt werden. Gute Vorsorgeprogramme führen dazu, dass manches frühzeitig erkannt wird. Speziell ausgebildete Ärzte legen ihr Augenmerk auf die „Wehwehchen“ des Alters und ihre Linderung. Von der Organtransplantation bis zum Herzschrittmacher, von der neuen Hüfte bis zur Operation des Grünen Stars – die Medizin trägt viel dazu bei, Leben nicht nur zu erhalten, sondern auch alte Menschen fit zu halten.

Und so fühlen sich viele richtig wohl. Auch wenn die Lesebrille, die beginnende Glatze, das schmerzende Knie oder die Blutdruck- oder Blutzuckertablette irgendwann dazugehört, sehen sie sich in ihrer alltäglichen Praxis kaum eingeschränkt. Das hat Konsequenzen. Denn längst ist der Ruhestand zum Unruhestand geworden und von der Beschaulichkeit des Lehnstuhls, in dem Großmütterchen auf die Enkelchen wartet, um ihnen Märchen vorzulesen, ist weithin keine Rede mehr.

**Alt und aktiv**

Menschen, die das berufliche Ruhestandsalter erreicht haben, die von der Firma aufs Altenteil geschickt wurden, sind heute überall dabei. Im Sportverein, beim Walking um den Stadtsee, auch bei der sonntäglichen Radtour sieht man sie. Viele nutzen ihre Zeit und auch ihr Geld, um zu reisen. Kein noch so fernes Land, in dem man nicht auf Seniorengruppen stößt, denen Spezialanbieter es leicht machen, sich in fremden Ländern und ungewohnten Klimazonen zurechtzufinden. „Wann, wenn nicht jetzt", fragen sich die fitten Senioren und machen sich auf nach Australien, Amerika oder Südostasien. Sie lassen sich auf Kreuzfahrtschiffen verwöhnen, die manchmal spöttisch als „schwimmende Altenheime" bezeichnet werden. Oder sie bevölkern die Alpen – auch wenn sie jetzt häufiger die Bergbahn nehmen oder auf leichte Höhenwege ausweichen. Die Tourismusindustrie und die Ferienorte haben sich darauf eingestellt. Seniorenreisen, Seniorenteller, Seniorenrabatte – das gehört heute zum modernen Marketing.

Freizeit und Reisen sind etwas Schönes. Manche (Vor-) Ruheständler sehen aber nicht ein, dass ihre berufliche Leistungsfähigkeit nicht mehr gefragt sein soll. Sie wollen ihr Wissen weitergeben – und wenn auch nur nebenberuflich und zeitweise. Sie wenden sich etwa an den „Senior Experten

Service", eine gemeinnützige Stiftung der Deutschen Wirtschaft. Stiftungsziel ist es, ältere deutsche Experten nicht auf das eigene Sofa, sondern in die Welt hinauszuschicken. Denn wenn der deutsche Arbeitsmarkt meint, auf ihr Wissen verzichten zu können, im Ausland, gerade in Entwicklungsländern, sind sie gefragt. Und das nicht als dauerhafte Mitarbeiter, sondern als Trainer auf Zeit, als Anschieber, als Ausbilder, als Feuerwehr, wenn es irgendwo klemmt.
Das kann überall sein. Zum Beispiel bei der Möbelfertigung in Bulgarien. Dorthin reiste Senior-Experte Friedrich Müller schon zweimal. Eine kleine Fabrik für Polster-, Küchen- und Büromöbel benötigte seine Hilfe. Der Schreinermeister zeigte den Mitarbeitern der Firma moderne Produktionsmethoden bei der Verarbeitung von Schaumstoffen und beim Erstellen von Schablonen für die Fertigung. Nach seinen Vorschlägen wurden Maschinen bestellt. An ihnen schulte er die Mitarbeiter und passte die Arbeitsabläufe den neuen Bedingungen an. Ergebnis: Das Produktionsniveau wurde erhöht. So bleiben die 17 Arbeitsplätze erhalten und beide Seiten sind zufrieden.

Oder Volker Hasse. Sein Wissen war in einem Hotel im kenianischen Mombasa gefragt. Internationale Qualitätsstandards sollten erreicht werden, um die vorwiegend aus Europa kommenden Hotelgäste zufriedenzustellen. Der Senior-Experte empfahl eine intensive Qualifizierung der Mitarbeiter und regte unter anderem regelmäßige Qualitätskontrollen an, um eine Nachhaltigkeit der Maßnahmen zu gewährleisten. Auch ein Zielgruppenmarketing wurde erstellt, um wirklich allen Gästen einen schönen Aufenthalt zu ermöglichen.
Wer nicht in die Ferne schweifen will, beteiligt sich vielleicht an dem Schulprojekt, das 2006 gestartet wurde. Senior-Experten

helfen dabei dem Nachwuchs, den Start ins Berufsleben zu schaffen.
So reiste Werner Zimmer mit einer Idee, seinem Werkzeug und vielen Holzlatten in die Fritz-Henkel-Hauptschule in Düsseldorf. Dort sollte er bei der Berufswahl und Berufsvorbereitung helfen. Zusammen mit ihm bauten die Jugendlichen ein Modellfachwerkhaus. Das stärkte den Teamgeist und sensibilisierte die Jugendlichen für die Holzverarbeitung. So konnten die Schülerinnen und Schüler erproben, ob dieses Arbeitsgebiet ihren Interessen und Begabungen entspricht.

Dies sind nur einige Beispiele von vielen, die zeigen: Senioren-Experten, die über das eigene Erwerbsleben hinaus ihre beruflichen Qualifikationen weiter nutzen, sind längst keine Exoten mehr. Genauso wenig wie Senioren an der Uni. Waren es vor Jahren noch einzelne Bildungsbürger, die Vorlesungen in Musikwissenschaft, Philosophie oder Kunstgeschichte besuchten, hat sich ihre Zahl in den letzten zehn Jahren vervielfacht. Fast alle größeren Universitäten halten deshalb spezielle Vorlesungsreihen unter dem Namen „Senioren-Uni" bereit. Im Sommer 2006 startete darüber hinaus die deutschlandweit erste spezielle „Senioren-Universität". Im ostwestfälischen Horn-Bad Meinberg bietet sie ein in sechs Trimester gegliedertes Studium generale mit Themen aus Politikwissenschaft, Theologie, Medizin, Kunst, Musik, Literatur und Geschichte. Auch Abschlüsse können dort gemacht werden. Die Studiengebühren sind allerdings nicht gering: 400 Euro pro Trimester müssen die

„alten Semester" bezahlen. Wem das nicht genügt, der kann im Alter das nachholen, was er in der Jugend versäumt hat. Immer häufiger absolvieren Senioren nämlich volle akademische Studiengänge und mischen sich in Seminaren, Vorlesungen und Übungen zwischen die fünfzig Jahre jüngeren Kommilitonen. Einen Altersbonus bei Prüfungen können und wollen sie nicht erwarten. Fit sein im Alter – auf geistiger Ebene.

Schließlich sei noch die größte Gruppe der aktiven Alten erwähnt: die Ehrenamtler. Kirchengemeinden, politische Parteien, Nachbarschaftshilfen, Sozialeinrichtungen – sie alle würden zusammenbrechen, wenn sie nicht ihre Senioren hätten. Sie setzen ihre Zeit ein für Krankenbesuche und Kuchenbacken, für Obdachlosenhilfe und Asylantenbetreuung und Fahrdienste. Viele sind regelmäßig für die Enkelkinder da, wenn Mama und Papa keine Zeit haben. Und wenn die eigenen Enkelkinder groß oder weit weg sind, dann melden sie sich als Leihomi. Ideen für Aktivitäten haben Senioren mehr als genug. Zum Glück, denn in Zukunft wird es so sein, dass die Alten noch viel mehr gesellschaftliche Arbeit leisten müssen. Der demographische Wandel wird das, was jetzt freiwillig ist, irgendwann zur Pflicht machen.

### Alter als Aufgabe

Ist heute also „alles easy" im Alter? Braucht es Gottvertrauen im Alter eigentlich gar nicht – oder zumindest nicht mehr als sonst im Leben?

Man soll sich nichts vormachen, das Alter ist eine besondere Lebensphase, denn: Es ist die letzte. Und auch wenn viele lange fit und aktiv sind, ihre kleinen „Wehwehchen" hinnehmen und den Gedanken an Krankheit und Tod verdrängen: Selbst der unruhigste Unruhestand wird irgendwann zwangsläufig ruhiger. Fragen stehen an, Entscheidungen, Realitäten. Man kann sie verdrängen, so lange, bis der Tod einen im Galopp einholt. Man kann das Alter aber auch als letzte große Aufgabe begreifen, die es zu bewältigen gilt.

Karl Rahner, der in der katholischen Kirche als einer der herausragenden Theologen des 20. Jahrhunderts gilt, hat im Alter das Alter zu seinem Thema gemacht. Er sieht darin mehr als eine Phase von vielen. Für ihn ist es die lebensentscheidende Phase, denn sie führt direkt ins ewige Leben. Dies bewusst vorzubereiten, sein Leben zu einem guten Ende zu bringen, hält er für die Hauptaufgabe. Gleichzeitig sieht er hier die Gefahr des radikalen Scheiterns, wenn man es nicht schafft, sich den Fragen des Alters zu stellen und alles in Dauerfröhlichkeit zu ersticken droht. Doch Dauerfröhlichkeit ist manchmal einfacher als unbequeme Fragen. Wer sie auszuhalten gedenkt, braucht Gottvertrauen. Oder zumindest fällt es mit Gottvertrauen leichter, auch angesichts endgültiger Fragen die Lebensfreude nicht zu verlieren.

**Zurückblicken**

Alte Menschen blicken gern zurück. Je älter sie werden, desto mehr erzählen sie von früher – mitunter sehr zum Unwillen ihrer jüngeren Umwelt. Zum Teil hat das biologische Gründe, denn das Langzeitgedächtnis, in dem die Erlebnisse aus der Kindheit und Jugend eingeprägt sind, funktioniert oft deutlich besser und länger als das Kurzzeitgedächtnis, das neue

Erfahrungen speichert. Andererseits ist diese Rückschau, so meint der Theologe Karl Rahner, auch eine wichtige Aufgabe in dieser Lebensphase. Dann nämlich, wenn der größte Teil des Lebens hinter uns liegt, sollten wir „das Leben vor uns bringen", es in seiner Ganzheit betrachten „vor dem prüfenden Blick unseres Gedächtnisses und unserer Erinnerung".
Dazu braucht es viel Gottvertrauen, denn nicht alles, was dann hochkommt, ist positiv. Wer es schafft, wirklich einen prüfenden Blick auf sich selbst zu werfen, kommt manchmal auch um ein schlechtes Gewissen und Schuldgefühle nicht herum. Gibt es da noch etwas, was es zu bereinigen gilt? Gibt es alten Streit, der beigelegt werden sollte? Gibt es alte Rechnungen, die noch zu begleichen sind?

Paul Schladoth ist Priester und selbst über achtzig. Seit Jahren arbeitet er unterstützend im Hospiz, bietet Gesprächskreise für Senioren an und hält Vorträge beim „Studium im Alter". Für ihn gehört es zum Glauben im Alter ganz entscheidend dazu, sich mit seinem Leben zu versöhnen. „Es gibt Leute, die sind bis zum Ende verbittert über verpasste Gelegenheiten oder frühere Streitigkeiten", erzählt er. Gerade der Kriegsgeneration geht das so, Männern und Frauen, die oft nicht die Chance auf eine Ausbildung oder ein Studium hatten, die in den „besten Jahren" hungern oder leiden mussten. „Eine ganz wichtige Aufgabe der Altenseelsorge besteht darin, Hilfen zu geben, das eigene Schicksal anzunehmen." So wie Paul Schladoth es bei einem Münsteraner Politiker erlebt hat. „Der machte gegen Ende seines Lebens viele Besuche, um sich mit einstigen Gegnern zu versöhnen. Das hat mich sehr beeindruckt." Das Zeitliche segnen – so nennt Paul Schladoth diese Aufgabe. „Das Zeitliche segnen heißt: Eine Lebensbilanz ziehen und Gutes über das Erlebte und Erlittene sagen."

Leichter fällt das, wenn man in dem Vertrauen lebt, dass alles in Gottes Händen liegt. Dann kann Erinnerung auch zum Dank werden. „Hat er uns nicht allezeit bis hierher getragen? Und geführt durch allen Streit? Sollten wir verzagen?", so heißt es in einem Kirchenlied. Auch die Bibel weiß, wie wichtig Erinnerung ist. Im Buch Deuteronomium gibt Gott seinem Volk den Auftrag, immer die Erinnerung daran zu bewahren, wie es ins „Gelobte Land" gekommen ist. Aus der Sklaverei in Ägypten nämlich, nach vierzig Jahren in der Wüste, nach Hunger und Durst im ausgedörrten Land und gespeist durch Manna vom Himmel. Gott mahnt: „Denk nicht bei dir: Ich habe mir diesen Reichtum aus eigener Kraft und mit eigener Hand erworben. Denk vielmehr an den Herrn, deinen Gott: Er war es, der dir die Kraft gab, Reichtum zu erwerben." (Deuteronomium, Kapitel 8, 17-18).

Ein erinnernder Blick auf das eigene Leben bewirkt beides. Er bewahrt vor Arroganz und Selbstherrlichkeit und eröffnet den Blick auf das, was Gott an Gutem ermöglicht hat. So kann man versöhnt in seine letzten Jahre gehen, ohne Päckchen mit sich herumzuschleppen, die den ohnehin schweren Schritt noch weiter belasten würden.

### Schwäche zulassen

Die Knochen, die Augen, die Ohren, das Herz – irgendwann treffen die kleinen und großen Schwächen des Alters jeden, den einen früher, den anderen später. Irgendwann muss man sich bei schwerer Gartenarbeit helfen lassen, kann die Bierkisten nicht mehr schleppen und muss auf lange Spaziergänge verzichten. Was früher selbstverständlich zum Leben und auch zur Lebensqualität dazugehörte, geht nicht mehr. Und wer ehrlich zu sich selbst ist, weiß: Ich bin auf der Rolltreppe abwärts.

In der Bibel gilt ein hohes Alter als Segen Gottes, aber auch als Lohn für die Gerechten. In Psalm 92 verheißt Gott den Gläubigen vitale Kraft bis ins Alter:

*Der Gerechte gedeiht wie eine Palme,*
*er wächst wie die Zedern des Libanon.*
*Sie tragen Frucht noch im Alter*
*und bleiben voll Saft und Frische.*
*Sie verkünden: Gerecht ist der Herr*
*mein Fels ist er; an ihm ist kein Unrecht.*

*(Psalm 92, 13-16)*

Die Bibel weiß aber auch, dass das nicht immer klappt. Der Stammvater Jakob, der von Gott besonders gesegnet und mit dem Beinamen Israel versehen worden war, war im Alter bettlägerig und blind. So hilflos war er, dass er aus Versehen den falschen Sohn als Erben einsetzte. Und in Psalm 71 betet ein alter Mensch:

*Herr, ich suche Zuflucht bei dir;*
*lass mich doch niemals scheitern.*
*Für viele bin ich wie ein Gezeichneter,*
*du aber bist meine starke Zuflucht.*
*Gott, bleib doch nicht fern von mir;*

*mein Gott, eile mir zu Hilfe!*
*Verwirf mich nicht, wenn ich alt bin;*
*verlass mich nicht, wenn meine Kräfte schwinden.*
*Gott, du hast mich gelehrt, von Jugend auf,*
*und noch heute verkünde ich ein wunderbares Walten.*
*Auch wenn ich jetzt alt und grau bin, Gott,*
*verlass mich nicht.*

Es ist also noch nie leicht gewesen, abnehmende Kräfte, Schwäche, Hilfsbedürftigkeit zu akzeptieren. Gerade diejenigen, die immer sehr selbstständig gelebt haben, die in Beruf und Familie eher Hilfe gegeben als gebraucht haben, tun sich schwer damit. Wirklich abhängig zu werden von anderen, ist deshalb für die meisten eine Schreckensvorstellung. „Lieber möchte ich sterben, als auf andere angewiesen zu sein“, das hört man von älteren Menschen immer wieder. Psychologen, aber auch Theologen fordern deshalb eine neue „Kultur des Helfens und Sich-helfen-Lassens“. Wer das ein Leben lang einübt, dem fällt es im Alter leichter.

Christlich gesehen passt das zum Ideal des Miteinanders, wie es in der Kirchengemeinde gelebt werden soll. „Einander annehmen“, „füreinander sorgen“, „einander die Lasten tragen“, „einander Gutes tun“ – dieses Verhalten wird immer wieder in den neutestamentlichen Briefen gefordert. Von Alten und Jungen. Lieben bedeutet eben nicht nur geben; lieben bedeutet auch, sich beschenken lassen.

Dazu braucht es Vertrauen. Vertrauen darin, dass andere Menschen da sind, die nicht nur unwillig und gegen Bezahlung helfen. Vertrauen in sich selbst, dass man die Hilfe der anderen nicht nur unwillig und gezwungenermaßen annimmt, in der Überzeugung, dass man es selbst eigentlich viel besser machen würde. Und Vertrauen in Gott, dass er Helfer senden möge und einem selbst die Ruhe und die Kraft gebe, die eigene Schwäche auszuhalten. Gott schaut nicht auf Körperkraft. Er sagt:

*„Lass dir meine Gnade genügen; denn meine Kraft ist in den Schwachen mächtig."*

*(Zweiter Brief an die Korinther, Kapitel 12, 2)*

**Allein sein**

Früher war es keine Frage, wo Menschen alt würden und wo sie letztlich sterben würden. Alte Menschen lebten im Kreis der Familie. Nicht nur auf Bauernhöfen war es üblich, dass der alte Vater oder die alte Mutter bei dem Sohn oder der Tochter wohnte. Egal wie beengt die Verhältnisse waren: Sich um die alten Eltern zu kümmern und sie bei sich aufzunehmen war eine gesellschaftliche Selbstverständlichkeit. Das hatte sicher auch soziale Gründe, denn Rente, Sozialhilfe, Altenheime, Sozialstationen – dies alles lag jenseits der damaligen Vorstellungskraft. Andererseits war es auch ein christliches Gebot: „Du sollst Vater und Mutter ehren", lautet das vierte Gebot, das sich nicht nur auf Kindheit und Jugend bezieht. „Verachte deine Mutter nicht, wenn sie alt wird", heißt es im Buch der Sprüche (Sprichwörter, Kapitel 23, 22), und: „Wer den Vater misshandelt und die Mutter wegjagt, ist ein verkommener, schändlicher Sohn" (Sprichwörter, Kapitel 19, 26).

Heute ist das Alter im Schoß der Familie eher die Ausnahme. Es ist nicht nur der Egoismus der jungen Leute, der dazu geführt hat, es sind vielmehr gesellschaftliche Entwicklungen. So wollen einerseits die älteren Menschen möglichst lange möglichst selbstständig sein, und viele können sich das auch leisten. Sie bezahlen Putzfrauen, Gartenhilfen, Essen auf Rädern. Die Pflegedienste bieten Hilfen für leichtere Pflegefälle. Auf der anderen Seite führt die stets eingeforderte berufliche Mobilität dazu, dass viele erwachsene Kinder längst nicht mehr in der Nähe der Eltern wohnen. Und die Berufstätigkeit der meisten Frauen hat zur Folge, dass keine Zeit da ist, sich neben allem anderen auch noch intensiv um die Eltern zu kümmern.

Was deshalb früher oder später auf viele alte Menschen zukommt, ist Einsamkeit. Wenn der Ehepartner stirbt, wenn Geschwister, Freunde, Nachbarn zu Grabe getragen werden, dann wird es um die Zurückbleibenden immer stiller. Manche stört das wenig, weil auch ihr Bedürfnis nach Unterhaltung und Aktivität abnimmt. Der Fernseher als Fenster zur Außenwelt, gute Bücher zum Lesen oder Hören, Telefonate mit Kindern und Enkeln – das reicht ihnen schon. Andere leiden darunter und vereinsamen völlig. Immer wieder liest man in der Zeitung von Männern oder Frauen, die wochenlang tot in ihrer Wohnung lagen. Und gefunden wurden sie nicht, weil sie jemand vermisste – der Geruch machte die Menschen aufmerksam.

Wie wird das bei mir sein? Werde ich einsam und allein alt werden? Oder wird es ein soziales Netz geben, das mich auffängt? Gottvertrauen allein hilft da wenig. Natürlich ist es gut zu glauben, dass Gott mich umgibt, wenn schon kein Mensch bei mir ist. Aber noch mehr nützt das Gottvertrauen, wenn es mich antreibt, selbst auf die Suche zu gehen. Es gibt heute Möglichkeiten genug. Man kann in Kirchengemeinden, Seniorentreffs oder Nachbarschaften so enge Kontakte knüpfen, dass sie auch in Alter oder Krankheit halten. Es gibt Wohnprojekte für Senioren, es gibt Mehrgenerationenhäuser, es gibt Wohngemeinschaften, in denen nicht mehr Studenten, sondern alte Menschen sich eine Wohnung teilen. Oder sie teilen sich ein Haus wie der frühere Bremer Bürgermeister Henning Scherf, der mit seiner Frau und anderen Paaren und Einzelpersonen seit 18 Jahren in einer Hausgemeinschaft lebt – bewusst als Perspektive für das Alter. Oder die „Alten-WG Am Goldgraben", die schon 1994 als niedersächsisches Pilotprojekt von dem Verein „Freie Altenarbeit Göttingen e.V." gegründet wurde; zur Zeit wohnen in der Göttinger Villa neun Bewohnerinnen zwischen 65 und 93 Jahren in kleinen Zwei-Zimmerwohnungen mit Gemeinschaftsräumen und einem großen Garten. Und die Mieten sind erschwinglich. Doch irgendwo dort mitzumachen – und das rechtzeitig – fordert Mut und Initiative. Wird es gut gehen? Kann ich mich auf die anderen verlassen? Wollen die nur an mein Geld? Nutzen die meine Möglichkeiten aus? Endet alles in Zank und Streit? Skeptiker gibt es viele. Doch Gottvertrauen kann helfen, die Skepsis zu überwinden und sich auf andere einzulassen in der festen Überzeugung, dass auch in den anderen Menschen Gottes guter Geist wirkt. Mit Gottvertrauen kann man viel gewinnen. Zum Beispiel Gemeinschaft im Alter.

**Abschied nehmen**

Wenn man sehr jung ist, kann man sozusagen ständig begrüßen: neue Fähigkeiten, neue Möglichkeiten, neues Wissen, neue Erfahrungen, neue Menschen. Im Erwachsenenalter vertiefen sich die erworbenen Fähigkeiten, der Freundeskreis weitet sich kaum noch, man wird sesshaft in einer Stadt, einem Beruf, einem Bekanntenkreis. Natürlich kommt Neues dazu und manches geht verloren – doch alles in Maßen. Das Alter hingegen ist die Lebenszeit, die in erster Linie vom Abschied geprägt ist, von leichten, aber auch von sehr schweren Abschieden.

Der erste Abschied, der für viele immer früher kommt, obwohl die Prognosen anders sind, ist der Abschied vom Beruf. In manchen Branchen ist man schon mit 55 für den Arbeitsmarkt zu alt. „Vorruhestand“ heißt es dann. Oft versüßt mit Abfindungen, die es aber nur bedingt leichter machen, sich mit dem Abschied vom Beruf abzufinden. Denn Arbeit bedeutet für viele Sinn, Erfüllung, Bestätigung und nicht zuletzt eine tagfüllende Beschäftigung. Was soll man tun mit der freien Zeit? Wie arrangiert man sich mit der Ehefrau oder dem Partner, den man sonst kaum gesehen und nun rund um die Uhr um die Ohren hat? Woher kommt nun die Bestätigung, dass man noch ein brauchbares Mitglied der Gesellschaft ist? Abschied vom Beruf – wohl dem, der sich darauf vorbereitet hat.

Später werden die Abschiede womöglich noch einschneidender. Der vom Haus vielleicht, in dem man vierzig Jahre gelebt und geliebt hat, das man mit eigenen Händen umgebaut, renoviert, verschönert hat, wo die Kinder erwachsen geworden sind und wo jede Blume im Garten liebevoll gehegt wurde. Doch irgendwann sind Haus und Garten vielleicht zu groß, um sie in Schuss zu halten. Oder die Treppen sind wegen der Gehbehinderung nicht zu schaffen. Oder es fehlt an Geld und Energie, die notwendige Dachsanierung durchzuführen, die Heizungsrohre oder die Installationen zu erneuern. Solch ein Abschied tut weh, denn man verlässt sein Zuhause und man verlässt es für immer. Wie gut, wenn das Herz dann nicht allzu sehr daran hängt. Wenn man sich ein Gespür dafür bewahrt hat, dass Heimat nicht in erster Linie aus Steinen gebaut ist. Dass die eigentliche Herkunft des Volkes Gottes die Wanderschaft ist. Einst war das „Allerheiligste" immer mit unterwegs. In einem Zelt, damit man nirgendwo zu gebunden war. Wer das schafft, sein „Allerheiligstes" auch in eine kleinere Wohnung mitzunehmen, in einen anderen Stadtteil, zur Not sogar in ein einziges Zimmer – der weiß, was wirklich zählt in seinem oder ihrem Leben. Abschied nehmen vom Zuhause und sein „Allerheiligstes" dennoch behalten – für diese Aufgabe braucht es schon Gottvertrauen.

Es klingt albern, aber manche knacken noch mehr am Abschied vom Auto. Das Auto ist ja nicht nur ein Statussymbol. Es bedeutet Unabhängigkeit, Freiheit, Selbstbestimmung. Das Auto war vielleicht das erste, was man sich anschaffte, wenn das Geld so eben gerade da war. Eine Klapperkiste vielleicht, ständig am Rand des Zusammenbruchs, aber doch ein Auto. Vielleicht machen aber irgendwann die Augen nicht mehr mit. Oder die Konzentration. Oder jemand hat nach zwei kleineren Karambolagen einfach Angst, dass es irgendwann schlimm ausgeht. Dann hat die Stunde des Abschieds geschlagen und das Symbol des Erwachsenseins ist nicht mehr da. Abhängig ist man nun von Fahrplänen, vom Bringservice des Getränkehandels, vom freundlichen Nachbarn. Ohne Auto, so denken viele, ist man doch nur ein halber Mensch. Oder ein Greis. Und wer will das schon sein?

Aber es kommt noch härter, es geht ans Eingemachte. Je älter man wird, desto mehr muss man sich von Menschen verabschieden. Erst sind es die eigenen Eltern, die Tanten und Onkel, dann kommen Nachbarn, Schulfreunde, frühere Arbeitskollegen. Der Kumpel mit dem ich jahrelang Skat gespielt habe oder der in der Altherrenmannschaft mit mir die Abwehr zusammengehalten hat. Die Frau, mit der ich beim Kuchenbuffet immer den Kaffee ausgeschenkt habe oder die im Kirchenchor neben mir saß. Die war doch gar nicht älter als ich. Und an wen soll ich mich jetzt halten, wenn die Alt-Stimme wieder so kompliziert ist? Je älter man wird, desto näher kommen die Einschläge. Und der Donnerhall bleibt, dröhnt innerlich noch lange nach. Einsam wird es um einen herum, wenn immer mehr, die mir nahe standen, vor mir gehen. Vor allem dann, wenn es der Ehemann, die Ehefrau ist. Abschied zu nehmen von demjenigen, mit dem ich mein Leben geteilt habe, das gehört zum Schwersten, was man erleben kann. Gottvertrauen hat man dann allenfalls für den, der geht. Er oder sie mag in Gottes Hand geborgen sein. Aber ich? Ich bin allein, verlassen und so ungeborgen, wie es nur geht. Oder habe ich das Vertrauen, dass Gott mich auch aus diesem tiefsten Tief wieder herausholt? Dass er mir trotz Alter und Einsamkeit neues Leben schenkt? Dass er immer noch mein irdisches Glück will? Jeder, der Abschied nehmen muss, trauert – und das ist gut so. Glücklich ist, wer auch in der tiefsten Trauer und in den schlimmsten Tränen eine Ahnung davon bewahrt, dass Gott in jedem Dunkel ein Fünkchen Licht ist – ein Fünkchen, das vielleicht zur Flamme wird, die das Leben neu erhellt.

Bleibt der letzte Abschied, der vom eigenen Leben. Vielleicht ist es noch nicht einmal der schwerste, dann, wenn man wirklich alt und lebenssatt ist. Dennoch erleben Seelsorger im Gespräch mit alten Menschen immer wieder, dass das die alles dominierende Frage ist: Was kommt nach dem Tod? Was darf ich hoffen? Was muss ich fürchten? Was passiert, wenn ich zum letzten Mal loslassen muss, wenn ich keine Kontrolle mehr habe und dabei bin, mich selbst zu verlieren? Viele Menschen verdrängen die Frage so lange, bis sie unausweichlich ist. Dann erst, quasi in letzter Minute, Gottvertrauen in ein Leben nach dem Tod zu entwickeln, ist allerdings schwierig. Leichter wäre es, den Tod früher in das Leben hineinzunehmen. „Wer die Kunst des Sterbens lernt, lernt auch die Kunst des Lebens", sagen Sterbebegleiter. Soll heißen: Abschied und Neubeginn, Ende und Übergang sind Strukturen, die sich im ganzen Leben finden. Wer deshalb vom Ende her denkt, dem glückt das Leben leichter. Und wer im Leben gelernt hat, vertrauensvoll Abschied zu nehmen, dem fällt das auch im Alter weniger schwer.

**Gönnen können**

In der Bibel gibt es die gute Tradition, dann, wenn es auf das Ende zugeht, die Söhne, Töchter und Enkelkinder zu segnen.

Segnen bedeutet im Wortsinn: Gutes zusagen, Gutes wünschen, Gutes erwarten.
Vielen alten Menschen fällt das schwer. Sie sehen nur die Nachteile der jungen Leute, beklagen sich über den Verfall der Sitten und sind sicher, dass früher alles besser war. Manchmal ist das nichts als Neid. Der Neid darauf, dass die Jungen jung sind, kraftvoll, aktiv, dass sie das Leben vor sich haben. Manchmal ist es auch die Angst, dass das eigene Lebenswerk zerstört wird. Immer aber ist es mangelndes Vertrauen in die nachwachsende Generation. Und in Gott, dessen Geist zu allen Zeiten lebt und wirkt.

Gönnen können ist deshalb ein Zeichen des Gottvertrauens. Genauso wie der Segen auf dem Sterbebett. Eine gute biblische Tradition, die es verdient hat, weiterzuleben.

## *ZUM NACHDENKEN*

Wer heute über sechzig ist, fühlt sich noch lange nicht alt. Was erwarten Sie für Ihr Alter oder wie sehen Sie sich im Alter?

- Ich bin fit und aktiv und mache bis auf kleinere Einschränkungen alles so wie vorher.
- Mich belasten die körperlichen Alterserscheinungen, die ich an mir spüre; sie machen mir Angst.
- Ich genieße jeden Tag – mehr als früher.
- Ich fühle mich oft nutzlos und frage mich, welchen Sinn mein Leben noch hat.
- Es gibt Tage, da wünschte ich morgens, dass es schon Abend wäre.
- Ich habe so viel zu tun, dass ich gar keine Zeit habe, über das Alter nachzudenken.
- Man ist so alt, wie man sich fühlt – und ich fühle mich jung.
- Ich weiß, dass mit den Jahren alles schwerer wird und bereite mich jetzt schon darauf vor.
- Ich habe so viele Pläne, dass ich mich jetzt schon auf mein „Altenteil" freue.

In der Bibel heißt es in Psalm 90:
*Unser Leben währt siebzig Jahre und wenn es hoch kommt, sind es achtzig. Rasch geht es vorbei, wir fliegen dahin. Und das Beste daran ist nur Mühsal und Beschwer.*

- Wenn Sie auf Ihr Leben zurückblicken: Was war oder ist das Beste daran? Was war oder ist die größte Mühsal?
- Gibt es Punkte, die Sie heute noch belasten? Gibt es Menschen, denen Sie heute noch aus dem Weg gehen? Gibt es Fragen, die heute noch zu klären sind?
- Haben Sie den Eindruck, dass Ihr Leben bisher dahingeflogen ist?
- Was wünschen Sie sich für die Zeit bis achtzig?
- Wenn Sie Ihrem bisherigen Leben eine Schulnote geben sollte: War es bislang eher „sehr gut", eher „befriedigend" oder doch „mangelhaft"?
- Können Sie im Blick auf Ihr Leben „das Zeitliche segnen" – ohne deshalb gleich das Zeitliche segnen zu wollen?

Johann Wolfgang von Goethe diktierte als 80-Jähriger seinem Vertrauten Johann Peter Eckermann:
*Ei, bin ich denn 80 Jahre alt geworden, dass ich immer dasselbe denken soll? Ich strebe vielmehr täglich Anderes, Neues zu denken, um nicht langweilig zu werden.*

- Sollten Ihrer Meinung nach alte Menschen täglich Neues denken, oder haben sie ein Recht auf ihre festgefügte Meinung?
- Für wie flexibel und wandlungsfähig halten Sie sich? Wie wandlungswillig sind Sie?
- Ist „Neues denken" eine Frage des Alters?

* Was meinen Sie: Wonach werden Sie streben, wenn Sie 80 sind?
* Ist das Leben im Alter zunehmend langweilig?

Blicken Sie einmal voraus auf die Zeit, in der Sie wirklich „alt und klapprig“ sein werden:

* Was ist Ihre größte Sorge, Ihre größte Angst?
* Wo und wie wollen Sie im Alter wohnen?
* Wollen Sie frühzeitig Ihre Angelegenheiten regeln oder überlassen Sie alles den Erben?
* Können Sie selbst dazu beitragen, Ihre Sorgen kleiner und Ihre Wünsche wahrscheinlicher werden zu lassen?
* Kennen Sie Menschen, die aus Ihrer Sicht „gut gealtert“ sind? Kann man sich von denen etwas abgucken?
* Gibt es Fehler, die Sie auf jeden Fall vermeiden möchten?

Der evangelische Theologe Jörg Zink war knapp fünfzig, als er ein Gebet schrieb, das alten Menschen vielleicht helfen kann:

*Herr, ich gehöre zu den Menschen, die man alt nennt.*
*Ich lebe am Abend. Bald wird es Nacht sein.*
*Lass mich nicht allein bei den letzten Schritten.*

*Mein Leben hatte einmal Wert und Sinn.*
*Ich habe gearbeitet, gelitten, gewirkt,*
*doch was ich getan habe, rückt in die Ferne.*
*Ich bitte dich, mich vor Bitterkeit zu bewahren,*
*vor der Sucht, mein Wissen und Können zu beweisen,*
*vor der Gefahr, zu behaupten, es sei alles richtig gewesen.*
*Ich möchte loslassen lernen.*
*Ich möchte mich auf nichts verlassen, als auf deine Güte.*

*Mitten unter den Menschen habe ich gelebt.*
*Nun werde ich einsam. Meine Freunde sterben.*
*Niemand braucht mich. Jeder geht seinen Weg.*
*Ich bitte dich, zu helfen, dass ich mich nicht verschließe*
*und doch nicht überall mitrede*
*und dass ich kein Mitleid pflege mit mir selbst.*
*Ich möchte aus der Stille wirken können,*
*für andere Menschen eintreten vor dir.*
*Gib mir die Worte dafür.*
*Ich bin in deiner Liebe geborgen. Amen.*

*(Jörg Zink)*

Foto: Thierry Planche · www.fotolia.de

# GOTTVERTRAUEN …

# … IM STERBEN UND IM TOD

*Leben wir, so leben wir dem Herrn, sterben wir, so sterben wir dem Herrn. Ob wir also leben oder sterben: Wir gehören dem Herrn.*

*(Römerbrief, Kapitel 14, 8)*

## *PORTRÄT*

Mit dem Sterben kennt Antonia Gruber sich aus, denn sie hat in den vergangenen Jahren viele Menschen – Männer und Frauen, Junge und Alte – in den Tod begleitet. Den Anfang machte 1992 ihre Freundin, die an Darmkrebs erkrankt war. „Immer, wenn ich bei ihr war, fragte sie: ‚Kommst du morgen wieder?', und ich merkte: Meine Besuche tun ihr gut." Viel Ahnung hatte die Emsländerin damals nicht, sie war eben nur eine Freundin. Aber offenbar auch ein Naturtalent im Umgang mit Kranken und Sterbenden, denn wenige Monate später rief der Krankenhausseelsorger an. „Er hatte mitbekommen, wie gut die Begleitung für meine Freundin war, und wollte wissen, ob ich ehrenamtlich im

Krankenhaus mitarbeiten möchte.“ Vorstellen konnte sich Antonia Gruber das schon, aber nicht ohne Ausbildung und so belegte sie entsprechende Kurse. „Am ersten Abend wäre ich am liebsten weggelaufen, so dicht kam alles an mich heran“, erinnert sie sich. Aber sie hielt durch. Und als durch eine Schenkung der Rotarier in ihrer Heimatstadt Meppen im Jahr 2000 ein Hospizverein gegründet wurde, war sie von Anfang an dabei. Ambulant arbeitet dieser Hospizverein, das heißt: Ein Mitarbeiter oder eine Mitarbeiterin begleitet einen Kranken und dessen Familie. Manchmal zu Hause, manchmal im Krankenhaus, manchmal im Pflegeheim. Manchmal dauert die Begleitung nur ein paar Tage – einen „Feuerwehreinsatz“ nennt sie das –, manchmal braucht es Wochen, Monate oder gar Jahre. „In dieser langen Zeit können sogar Freundschaften entstehen“, erzählt Antonia Gruber. Intensive Gespräche werden manchmal geführt, Lebensgeschichten ausgetauscht, Ängste und Hoffnungen benannt. Ein anderes Mal geht es viel stiller zu, wenn der Sterbende kein großer Redner ist. „Es kommt eben darauf an, wie jemand im Leben war. Wie er im Leben war, so wird er auch sterben.“ Den Ablauf bestimmt der kranke Mensch selbst; er oder sie sagt, wo es langgeht. Das gilt auch für den Zeitpunkt des Todes. „Der Sterbende sucht sich seine Zeit“, weiß die Seelsorgerin aus Erfahrung. Manchmal sehr zum Kummer der Angehörigen. „Die haben sich oft aufgeopfert und Tag und Nacht Wache gehalten – und dann stirbt er, wenn gerade mal keiner da ist.“ So sind eben manche Menschen: Das Wichtigste tun sie gern allein. Oder der Mann, der partout nicht wollte, dass seine fernab lebende Tochter ihn besucht, obwohl die ihren Vater gern noch einmal gesehen hätte. „Die Wünsche der Sterbenden haben immer Vorrang – und eine unserer Aufgaben ist es, dies den Angehörigen zu vermitteln, sie zu trösten und ihnen die Entscheidung der Sterbenden verständlich zu machen."

Und wie steht es mit dem Gottvertrauen der Sterbenden und ihrer Angehörigen? „Unterschiedlich natürlich", sagt Antonia Gruber, und während sie aus dem Gedächtnis einen Patienten nach dem anderen hervorholt, streicht sie sich das eine oder andere Mal eine kleine Träne aus dem Auge. Es ist zu merken: Trotz aller Routine, aller professionellen Distanz und aller Schulung geht der ehrenamtlichen Seelsorgerin jeder Fall ans Herz. Da ist zum Beispiel der alleinstehende, nette alte Herr, der mit sich und seinem Gott im Reinen ist. „Er hat mir erzählt, wie er gelebt hat, wie er seine Mutter gepflegt hat, und alles klang sehr stimmig und zufrieden." Als Antonia Gruber den Katholiken fragte, ob er das Sakrament der Krankensalbung erhalten wollte, meinte er: „Das brauch ich nicht! Gott nimmt mich auch so!" Sehr fest und eindeutig war diese Ablehnung. Die Seelsorgerin informierte auch die Angehörigen und das Pflegepersonal über den Wunsch – um dann in der Sterbestunde zu erleben, dass doch ein Priester kam, um das Krankensakrament zu spenden. „Seine Nichte hatte ihn gerufen, weil sie es nicht aushielt, ihren Onkel ohne Sterbesakrament gehen zu lassen." Da scheint der Sterbende mehr Gottvertrauen gehabt zu haben als die Hinterbliebene.

Anders die Frau, die nach eigenem Bekunden nie zur Kirche ging und sich scheute, jetzt das Sakrament zu empfangen.

Antonia Gruber nahm ihr die Angst und erlebte, wie die Patientin spürbar ruhiger und gelassener wurde. „Die ganze Familie war dabei, und ihre Tochter sagte mir später: Dieses Erlebnis der Krankensalbung hat mein ganzes Leben geprägt." Manchmal kommt Gottvertrauen eben ganz unerwartet.

Oder der 88-Jährige, der mit seiner Unruhe die ganze Familie zur Verzweiflung brachte. „Immer wieder brabbelte er vor sich hin, und die Kinder dachten: Der ist schon nicht mehr bei sich." War er aber doch. Als Antonia Gruber ihn besuchte, hörte sie seine Worte: „Herr, ich bin nicht würdig ... Herr, ich bin nicht würdig ..." Die ganze Zeit ging das so, angstvoll und ohne Gottvertrauen. Nach und nach wurde klar, warum: Es waren Kriegserlebnisse, irgendeine Situation von „Er oder Ich", über die der alte Mann nie geredet hatte, die aber immer noch auf seiner Seele lastete. „Ich habe ihm dann gesagt: Soweit ich weiß, geht das Gebet noch weiter: Herr, ich bin nicht würdig ... aber sprich nur ein Wort, so wird meine Seele gesund." Lange Zeit habe der alte Mann nicht geantwortet, aber dann genickt. „Seine Kinder sagten später, dass er von da an viel ruhiger war, friedvoller." Manchmal braucht man eben jemanden, der zur rechten Zeit das rechte Wort sagt, um sein Gottvertrauen wieder zu gewinnen.

Oder der 38-jährige Fernfahrer mit drei kleinen Kindern, kirchlich nicht gebunden. „Natürlich fällt Gottvertrauen schwer, wenn man sich Sorgen macht um die Zukunft der Familie und wenn alle immer sagen: Wie kann Gott das zulassen?!" Und doch passierte in den letzten Wochen vor dem Tod einiges. Früher sei der Mann immer die Woche über unterwegs gewesen und seine Frau habe am Wochenende gearbeitet. „Die beiden haben nie so viel und so gut miteinander gesprochen wie in der Zeit des Abschieds", erinnert sich Antonia Gruber. Auch die Kinder, fünfjährige Zwillinge und ein Siebenjähriger, erlebten die Krankheit und das langsame Sterben ihres Vaters mit. „Als wir ihn aufgebahrt hatten, konnten sie sich noch einmal verabschieden. Und bei der Beerdigung ist der Pfarrer mit jedem einzelnen Kind um das Grab gegangen, um den Sarg mit Weihwasser zu segnen." Voll Trauer und doch mit Vertrauen sei die Familie in die Zukunft gegangen.

Gottvertrauen – es ist wohl ein Geheimnis in der „Kunst des Sterbens". „Es gibt Menschen, die sterben wunderbar, die gehen hinüber mit einem Lächeln auf den Lippen." Antonia Gruber denkt dabei auch an ihren eigenen Vater. „‚Warum soll ich Angst haben? Die schöne Welt kommt doch erst!', hat er mir kurz vor seinem Tod gesagt. Daran denke ich bis heute." Überhaupt hat sich für die ehrenamtliche Seelsorgerin viel verändert in den 15 Jahren seit dem Tod ihrer Freundin. „Ich war früher ein ziemlich ängstlicher Mensch, eine richtige Glucke für meine Kinder. Immer habe ich daran gedacht, was alles passieren kann. Jetzt habe ich viel mehr Gottvertrauen." Auch darin, dass sie ihre anspruchsvolle Aufgabe erfüllen kann. „Gerade wenn es schwierig wird, schicke ich oft ein Stoßgebet zum Himmel", sagt sie und deutet unwillkürlich mit dem Finger nach oben. „Gott, du hast mich hierher geführt, jetzt hilf mir auch!" Und oft genug staune sie selbst darüber, wie gut sie schwierige Situationen meistern und die richtigen Worte finden würde. Zum Beispiel als ein schwerkranker Mann ihr etwas anvertraute, was niemand in der Familie wusste: Er hatte eine uneheliche Tochter aus seiner Jugendzeit. Von Weitem habe er ihren Werdegang verfolgt, ohne dass sie je von ihm wusste. Aber jetzt, vor dem Sterben, wolle er sie kennenlernen, obwohl er sie nicht mehr würde sehen können, denn der Tumor hatte ihn erblinden lassen. Ob Antonia Gruber das wohl arrangieren könne? Sie konnte. Die Tochter kam, weil sie heimlich immer gehofft hatte, einmal etwas von ihrem Vater zu hören – und der Vater konnte ruhig sterben. Vertrauensvoll. Auch, weil er selbst etwas dafür getan hatte, sein Leben zu ordnen. „Es sind die unerledigten Dinge, die das Sterben schwer machen“, sagt Antonia Gruber. „Aber sprich nur ein Wort, so wird meine Seele gesund ...“

## *ZUR SACHE*

Nichts im Leben ist so sicher wie der Tod. Dies ist eine Binsenweisheit – doch leider eine unangenehme. Denn die meisten Menschen hängen an ihrem Leben, sie sind gern auf der Erde, bei Menschen, die sie lieben. Die Vorstellung, sich endgültig verabschieden zu müssen, erschreckt. Immer schon. Die Angst vor dem Tod – sie ist eine Quelle der Religion. Natürlich erschreckt die Vorstellung manche mehr und andere weniger. Manche sehnen sich gar nach dem Tod, dann, wenn sie körperlich oder seelisch leiden müssen, wenn sie ein Leben bei Gott oder auch einen immerwährenden Schlaf für erstrebenswerter halten als das irdische Elend.

### Das Land des Vergessens

Glücklich ist, wer so stirbt wie Abraham. Von ihm und anderen, die ein „biblisches Alter" erreicht haben, wird im Alten Testament gesagt: Er starb „alt und lebenssatt". Diese biblischen Vorfahren haben vieles gesehen, vieles erlebt, sie haben geweint und gelacht, sie hatten Kinder und Kindeskinder – und dann waren sie satt und wollten gehen. Und das, obwohl sie nicht wussten, wohin. Denn die hebräische Bibel kennt in den allermeisten Teilen keine Jenseitsvorstellung. Gott ist ein Gott der Lebenden und nicht der Toten; mit dem Tod endet der Machtbereich Gottes. In Psalm 88 heißt es: „Wirst du an den Toten Wunder tun? Werden Schatten aufstehen, um dich zu preisen? Erzählt man im Grab von deiner Huld, von deiner Treue im Totenreich? Werden deine Wunder in der Finsternis bekannt, im Land des Vergessens?" Nein, denn: „Die Himmel preisen, Herr, deine Wunder und die Gemeinde deine Treue."

Ganz irdisch denkt sich das Alte Testament das Leben. „Von Jahr zu Jahr säst du die Menschen aus; sie gleichen dem sprossenden Gras. Am Morgen grünt es und blüht, am Abend wird es geschnitten und welkt." (Psalm 90)

**Leben in den Nachkommen**

Hoffnungslos sterben die biblischen Weisen dennoch nicht. Im Gegenteil: Sie sterben voll Vertrauen auf Gottes Huld und Treue. Jakob zum Beispiel, von dem das Buch Genesis erzählt.

*Jakob war alt geworden, alt und blind. Viel hatte er erlebt – und weiß Gott nicht nur Gutes. Da war die Sache mit Esau, seinem Zwillingsbruder. Esau war der ältere gewesen, der Erbberechtigte, doch durch einen miesen Trick hatte Jakob sich das Erbe erschlichen. Dann hatte er fliehen müssen vor dem Zorn des Bruders und Jahre in der Fremde verbracht. Eine Frau hatte er dort gefunden, und als er es nicht mehr aushielt vor Sehnsucht, war er nach Hause zurückgekehrt, um sich dem Esau zu stellen. Doch, o Wunder, der Bruder hatte ihm verziehen.*

*Dann später die Sache mit Josef, seinem Lieblingssohn. An Sklavenhändler hatten dessen Brüder ihn vor lauter Eifersucht verkauft und ihn, den Vater, glauben machen, dass Josef tot sei, von Löwen zerrissen. Jahrelang hatte er getrauert. Bis die große Hungersnot seine Söhne nach Ägypten trieb, wo Josef inzwischen ein einflussreicher Beamter bei Hofe war. Niemals hatte Jakob gedacht, ihn noch einmal wiederzusehen. So groß war die Freude, dass er selbst mit der ganzen Familie nach Ägypten zog.*

*Auch mit Gott hatte es Jakob nicht immer leicht gehabt. Gekämpft hatten sie, miteinander gerungen. Und am Ende hatte Gott ihm einen neuen Namen gegeben: Israel sollte Jakob von nun an genannt werden und Vater eines großen Volkes werden.*

*Als es zum Sterben kam, versammelte Jakob seine zwölf Söhne um sich. Er rechnete nicht mit einem Leben nach dem Tod, er rechnete nicht mit einer Auferweckung durch Gott. „Ich werde mit meinen Vorfahren vereint", sagte er zu Josef. „Begrab mich also nicht hier in Ägypten, begrab mich bei meinen Vätern in Hebron." Dann segnete er die Söhne Josefs: „Weiterleben soll mein Name durch sie, auch der Name meiner Väter, Abraham und Isaak. Im Land sollen sie sich tummeln, zahlreich wie die Fische im Wasser." Und Jakob schloss: „Sieh, ich muss sterben. Aber Gott wird mit euch sein und euch in das Land euerer Väter zurückbringen."*

Das war die Hoffnung im Alten Testament: das feste Vertrauen, dass Gott bei den Lebenden bleibt, sie schützt und führt, dass er ihnen das Land Verheißung zurückgibt und dass die Toten weiterleben in ihren Kindern und Kindeskindern. Kinderlos zu bleiben, war deshalb schlimm. Kinderlos zu sterben, hieß, ohne Hoffnung und ohne Zukunft zu sterben. Deshalb war es für Abraham, dessen erste Frau Sara keine Kinder bekam, selbstverständlich, sich Nebenfrauen zu nehmen. Deshalb beteten biblische Paare wie Manoach und seine Frau aus dem „Buch der Richter" oder Elisabeth und Zacharias im Lukasevangelium ohne Unterlass um Nachwuchs – selbst wenn es noch so unwahrscheinlich war. Aus genau diesem Grund war es im Übrigen eigentlich ungehörig, dass der Rabbi Jesus ohne Frau und Kinder durchs Leben zog. Ein Rabbi hatte sich an die Gebote zu halten und eines der wichtigsten war: „Seid fruchtbar und vermehrt euch."

### Leben bei Gott

Erst sehr langsam setzte sich im Judentum die Vorstellung durch, dass es nach dem Tod ein Leben bei Gott geben könnte. Im zweiten Buch der Makkabäer, das um 160 vor Christus geschrieben wurde, kann man es nachlesen.

*In Israel herrschen Fremde. Wie schon seit Jahrhunderten. Sie bringen nicht nur eigene Gesetze, eigene Sitten und Gebräuche, sie bringen auch einen anderen Glauben. Und sie wollen, dass die jüdische Bevölkerung ihren Glauben übernimmt, dass sie Jahwe, dem einen Gott, abschwört. Und wer nicht mitmacht, der wird gezwungen. Diese Frau zum Beispiel, die mit den sieben Söhnen, ihr Name ist unwichtig. Keinesfalls will sie ihrem Gott untreu werden, und sie ist sicher: Wenn wir Gott treu sind, dann steht er treu zu uns.*
*Also ließ der König sie und ihre Söhne verhaften. „Esst Schweinefleisch", befahl er ihnen, „denn das ist bei uns so Sitte." Einer der Söhne ergriff das Wort: „Niemals! Eher sterben wir, als dass wir die Gesetze unserer Väter übertreten." Da wurde er vor den Augen der Mutter und der sechs Brüder brutal gefoltert, verstümmelt und in der Pfanne gebraten. Genauso geschah es mit dem zweiten, und sterbend sagte dieser: „Du Unmensch! Du nimmst uns dieses Leben; aber der König der Welt wird uns zu einem neuen, ewigen Leben auferwecken." Genauso groß war auch das Gottvertrauen der anderen. Als der jüngste Bruder an der Reihe war, sagte er zum König: „Du Ruchloser! Du größter Verbrecher der Menschheit! Überheb dich nicht. Noch bist du dem Gericht des allmächtigen Gottes, der alles sieht, nicht entronnen. Meine Brüder sind nach kurzem Leiden mit der göttlichen Zusicherung ewigen Lebens gestorben. Du aber wirst beim Gericht Gottes die gerechte Strafe für deinen Übermut zahlen." Die Mutter bestärkte ihr letztes verbliebenes Kind: „Hab keine Angst vor diesem Henker, sei deiner Brüder würdig und nimm den Tod an. Dann werde ich dich zur Zeit der Gnade mit deinen Brüdern*

*zurückbekommen." So starben alle sieben Söhne und zuletzt die Mutter im Vertrauen auf ein Wiedersehen bei Gott.*

Dieser Glaube an die Auferstehung der Gerechten und an Gottes Gericht war zur Zeit Jesu recht modern und keineswegs unumstritten. Die Pharisäer bejahten ihn, die eher konservativen Sadduzäer lehnten ihn ab. Die Haltung Jesu ist eindeutig: Er geht davon aus, dass in der „Endzeit" die Sünder wie die Gerechten auferstehen. Die einen zur Verdammnis, die anderen zum ewigen Leben. Nach dem Tod und der Auferstehung Jesu wird dieser Glaube zum alles entscheidenden Merkmal: „Wenn es keine Auferstehung der Toten gibt, ist auch Christus nicht auferweckt worden. Ist aber Christus nicht auferweckt worden, dann ist unsere Verkündigung leer und euer Glaube sinnlos." (Erster Korintherbrief, Kapitel 15, 12-18)

**Hoffnung oder Angst**

Dass die Toten auferstehen, war jahrhundertelang in der christlichen Welt eine fest geglaubte Tatsache. Allerdings blickten viele nicht mit Hoffnung auf die Auferstehung, sondern mit Angst; von Gottvertrauen keine Spur. Das war auch kein Wunder, denn lange wurde in Verkündigung und Predigt vor allem eine Seite Gottes betont: die strenge, die fordernde, die zornige. Sicher: Die Stellen gibt es in der Bibel. Auch Jesus spricht vom „Weltgericht", in dem die Guten belohnt und die Bösen bestraft werden. Er spricht vom „immerwährenden Feuer" und von der „tiefsten Finsternis", in der die Verdammten „heulen und mit den Zähnen knirschen". Er erzählt das Gleichnis vom armen Lazarus, der nach seinem Tod im Schoß von Vater Abraham ausruht, während der Reiche, vor dessen Tür Lazarus vergeblich bettelte, nun in der Hitze der Hölle schmort und seinerseits vergeblich um einen Schluck Wasser bettelt. Brutal sind diese Bilder, brutal wurden sie gemalt, brutal in das Leben der Menschen übertragen. Angst vor dem Tod, Angst um die Toten ging um und führte zu all den Fehlformen des Mittelalters, die wir jetzt beklagen. Aber auch heute erzählen ältere Menschen noch davon, wie ihnen Angst gemacht wurde. Wie sie mit Höllendrohungen erzogen wurden, wie sie klein gehalten wurden mit der Aussicht auf das Strafgericht. Dass es mit dem Gottvertrauen in dieser Situation nicht allzu weit her war, ist nur allzu verständlich.

**Gericht, Himmel, Hölle, Fegefeuer**

Ist all das Schlimme heute abgeschafft? Manchmal scheint es so in Anbetracht des allzu „lieben" Gottes, der überall verkündet wird, des weichgespülten Kuschelgottes. Aber es ist wohl zu leicht, die unbequemen Worte Jesu einfach auszublenden, dort, wo es um endgültige Entscheidungen geht und um Konsequenzen, die wir einmal zu tragen haben. Wichtig ist nur, die Bildworte Jesu als Bildworte zu verstehen, das heißt, zu unterscheiden, welches die Bildebene und welches die Sachebene ist.

Sachlich ist in der christlichen Botschaft eines unstrittig: Im Tod werden wir uns für unser Leben rechtfertigen müssen, für das, was gut war, für das, was schlecht war und für das, was Stückwerk geblieben ist. „Gericht" nennt die Tradition diesen Moment. „Gericht" ist allerdings ein Bild, ein Bild, unter dem wir uns eine bestimmte Form der Juristerei vorstellen. Vor

Gericht kommt, wer etwas angestellt hat. Bestenfalls können wir freigesprochen werden und der Richter ist vermutlich streng. Passt dieses Bild zu der Sache, die wir im Tod erwarten?

Theologen sprechen heute anders vom Gericht, hoffnungsvoller. Etwa der katholische Dogmatiker Franz-Josef Nocke. Er weist darauf hin, dass wir nicht unser Bild vom weltlichen Richter auf Christus, den himmlischen Richter, übertragen sollen. Eher sollten wir auf den irdischen Jesus blikken. „Der Richter ist derselbe, der umherzog, Gutes tat und alle heilte" (Apostelgeschichte, Kapitel 10, 38) und der im Johannesevangelium von sich sagt: „Ich bin nicht gekommen, um die Welt zu richten, sondern um sie zu retten" (Johannes, Kapitel 12, 47). Auf Christus als Richter sollten wir also voller Vertrauen zugehen.

Zudem, so Franz-Josef Nocke und andere Theologen, sei das Gericht keine äußere Instanz, die über uns als Angeklagte urteilt. Das Gericht sei viel mehr ein Selbstgericht. Nocke schreibt:

*In der Begegnung mit dem Herrn wird mir klar, was aus mir durch meine Lebensentscheidungen geworden ist: einer, der sich auf den Weg Jesu, auf die Liebe eingelassen hat, oder einer, dessen Lebensgeschichte immer mehr zur Verweigerung wurde, der nicht lieben wollte, obwohl er gekonnt hätte, oder schließlich einer, in dem beides miteinander vermengt da ist, Liebe und Verweigerung,*

*Wahrheit und Lüge, ein Mensch halbherziger Entscheidungen. Vor dem Blick Christi wird mir klar, wer ich bin. Das ist das Gericht.“*

Diese Begegnung, dieser Moment totaler Selbsterkenntnis kann durchaus schmerzhaft sein.

*Aber Christus wird mich nicht nur prüfend und feststellend anschauen. Es wird ein liebender, erlösender Blick sein; er wird mich verwandeln, mich „auftauen“ und von meinen Verkrampfungen befreien. Wie aber die Zimmerwärme in den draußen in der Kälte starr gewordenen Fingern zunächst Schmerz hervorruft, bevor die Glieder ganz von wohltuender Wärme durchströmt sind, so wird der verwandelnde Blick Christi mich schmerzen (umso mehr, je mehr „Kälte“ in mir ist) Und mir doch schließlich wohltun.*

Das, was Franz-Josef Nocke hier mit dem Bild der Kälte beschreibt, ist nichts anderes als das „Fegefeuer“, der Moment der Läuterung, der „brennenden Scham“ über unser eigenes Versagen. Das ist Ernst, das ist keine Zuckerguss-Auferstehung und doch ein Grund zum festen Gottvertrauen.

Und wie ist es mit Himmel und Hölle? Auch vom Himmel gibt es nur Bilder. Das „himmlische Jerusalem“ zum Beispiel, eine Stadt, die keine Tempel und Kirchen mehr braucht, weil Gott mitten unter den Menschen wohnt und in der es keine Tränen und keinen Tod gibt. Oder das „Haus mit vielen Wohnungen“. Oder die „Hochzeit“, bei der alle fröhlich und sorglos miteinander feiern. Oder das „Festmahl“. Oder das „Paradies“. Alles Bilder für eine Wirklichkeit, die jede Vorstellung übersteigt. Was es sein wird, ahnt niemand, nur, dass es eine beglückende

Gemeinschaft mit Gott und den Menschen sein wird. Und die Hölle? Manche fragen, ob es überhaupt einen „Himmel“ geben kann, solange jemand in der „Hölle schmort“. Mit anderen Worten: Können die Guten himmlisch glücklich sein in dem Wissen, dass es anderen höllisch schlecht geht? Dennoch: Die Freiheit des Menschen besteht über den Tod hinaus. Es muss denkbar sein, dass Menschen sich Gott und der Liebe verweigern, dass so viel Kälte in ihnen ist, dass sie nicht auftauen wollen – und dass sie diese Unfähigkeit unendlich schmerzt.

### Nahtoderfahrungen

Auferstehung, Gericht, Himmel, Hölle – noch nie ist jemand zurückgekommen, um uns davon zu berichten. Das ist das Schwere am Glauben und am Gottvertrauen. Manchen Menschen helfen als Anhaltspunkt die „Nahtoderfahrungen“, die heute recht gut erforscht sind. Die Amerikanerin Elisabeth Kübler-Ross war die Pionierin auf diesem Gebiet. Sie hat die Erfahrungen von Menschen zusammengetragen, die etwa durch Herzstillstand nah am Tod waren und dennoch zurückgeholt werden konnten. Einiges von dem, was sie gesehen, gehört oder erlebt haben, wiederholt sich, ist typisch für die sogenannten Nahtoderfahrungen. Etwa die Tatsache, dass das Leben wie ein Film vor einem abläuft, Gutes und Schlechtes, Schönes und Trauriges, Fehler und Stärken. Ein bisschen so wie beim „Gericht“? Viele erzählen vom Tunnel, der in ein helles, warmes Licht mündet, andere von Wiesen und Sommerblumen. Kann es sein, dass der „Himmel“ für jeden anders erscheint? Viele sagen, dass das, was schon zu sehen war, so schön war, dass sie nicht zurückkehren wollten, dass sie geschickt werden mussten, dass sie gegen ihren Willen ins irdische Leben zurückkamen. Verblasst im Angesicht des „Himmels“ alles irdische

Glück? So gut wie niemand – und auch das ist Grund zur Hoffnung – erzählt von schlimmen Bildern, von Furcht oder Schmerz. Und so gut wie alle, die Nahtoderfahrungen gemacht haben und davon erzählen, haben die Angst vor dem Tod verloren. Ihr Gottvertrauen ist eben nicht mehr nur Glaube, es hat einen Anhaltspunkt im eigenen Leben.

**Und die, die zurückbleiben?**

Gottvertrauen verhindert Trauer nicht. Auch wenn jemand davon überzeugt ist, dass sein Mann, seine Frau, sein Kind eine Zukunft bei Gott hat: mit dem irdischen Verlust fertig zu werden, fällt dadurch nicht leichter. Trauerbegleiter wissen von den Phasen, die Kranke, aber auch Angehörige durchmachen: das Nichtwahrhabenwollen, der Zorn, das Verhandeln mit höheren Mächten, die Depression, schließlich die Zustimmung zum Schicksal und die neue Hoffnung. Es bringt nichts, eine Phase überspringen zu wollen, mit dem Hinweis auf den fest verwurzelten Glauben gleich zur Zustimmung zu kommen. Alles muss durchlebt und durchlitten sein. Auch die Gottesferne, die Einsamkeit, die Hoffnungslosigkeit.

Menschen, die die Trauernden begleiten, brauchen deshalb Geduld. Jeder braucht eine andere Zeit, zornig zu sein oder traurig und müde. Das Trauerjahr entspricht zwar einer langen Lebenserfahrung, und trotzdem ist es nur ein Durchschnittswert. Zum Gottvertrauen zu kommen für sein eigenes Leben, für den Neubeginn ohne Ehepartner, Freundin oder Kind, das geht bei manchen schneller, bei anderen dauert es doppelt so lange. Helfen würde es manchen, Hilfe in Anspruch zu nehmen. Nicht alles kann man mit sich selbst ausmachen – und neutrale Gesprächspartner außerhalb der Familie können mitunter besser zuhören als die Angehörigen. Solche Gesprächspartner zu suchen, ist kein Zeichen von Schwäche, sondern eher von Klugheit. Trauerbegleitung, Trauerseminare, Urlaub für Trauernde – nicht für jeden sind diese Angebote etwas. Aber manchen helfen sie, zu ihrer Trauer zu stehen. Und den nächsten Schritt zu tun in Richtung einer neuen Hoffnung.

### „In diesem Tod liegt nichts Trauriges" – das Gottvertrauen von Vincent van Gogh

Nicht jedem helfen viele Worte. Manche drücken Gottvertrauen anders aus. Durch Musik zum Beispiel oder durch Bilder. Vincent van Gogh war so einer. Das Verhältnis des Malers zur Kirche war gespalten, wie wir weiter oben schon gesehen haben. Man könnte auch sagen: Er lehnte die Kirche, wie er sie kannte, ab. Aber Gott lehnte er nicht ab. Gerade nicht in der Zeit der Depression, als er frustriert und einsam im südfranzösischen Arles seine berühmten farbenprächtigen Bilder malte, als er sich freiwillig in die Nervenheilanstalt von Saint-Rémy einweisen ließ und als er seine letzten Lebenswochen in der Nähe von Paris verbrachte.

Welches Gottvertrauen hatte Vincent van Gogh im Hinblick auf den Tod? Zwei Bilder können darüber Aufschluss geben: Das eine ist ein „Schnitter". Er malte ihn in der Nervenheilanstalt, wo er von seinem Zimmer aus ein Feld überblicken konnte. In der prallen Sonne ist dort ein Bauer zu sehen, der sein Feld abmäht. Als er seinem Bruder Theo das Bild – wie so viele zuvor – schickte, schrieb er dazu:

*Ich sehe darin das Bild des Todes in dem Sinn, dass die Menschheit das Korn ist, was er mäht. Das ist also, wenn du willst, das*

*Gegenteil des Säers, den ich früher versuchte. Aber in diesem Tode liegt nichts Trauriges; es geschieht im vollen Licht, mit einer Sonne, die alles mit Licht und überreichem Gold überstrahlt.*

Der Tod wird von einer hell glänzenden Sonne überstrahlt – diese Idee taucht später noch einmal auf und macht deutlich, wer für Vincent van Gogh das Licht im Dunkel des Todes ist. Das Bild heißt „Die Auferweckung des Lazarus", Vincent malt es 1890, wenige Monate vor seinem Tod, und als Vorlage diente ein Stich von Rembrandt. Drei Personen sind auf dem Bild zu sehen: Lazarus, der erschöpft vor einer Begräbnishöhle liegt sowie seine Schwestern Maria und Martha, die das Geschehen offenbar nicht fassen können. Einer fehlt: Jesus, der in der Bibel das Wunder der Auferweckung vollbringt und der auch auf dem Original von Rembrandt auftaucht. Statt seiner malt Vincent eine das ganze Bild erleuchtende, goldene Sonne: Christus, das Licht der Welt und die „Sonne der Gerechtigkeit". Zu einem „Sonnenaufgang über einem Feld" schrieb van Gogh einmal:

*Hier habe ich Ruhe und tiefen Frieden auszudrücken versucht. Ja, ich finde: Leute, die nicht an die Sonne glauben, sind fast Gottlose ...*

Manche behaupten, Vincent habe sich selbst in diesem Lazarus gesehen. In seinen Briefen hat der Maler nichts dazu geschrieben. Der holländische Kunsthistoriker Evert van Uitert erinnert aber daran, dass Vincent einmal bekennt, dass er dieses Bild gern noch einmal malen würde. Und dann würde er als Modelle für die biblischen Frauen Maria und Martha die Arler Frauen Madame Rolin und Madame Ginoux wählen. Diese beiden waren ihm in seiner Zeit in Arles, vor allem in den

Krisenzeiten, wie Schwestern. Und wenn sie die Schwestern sind, dann, so meint van Uitert, müsse Vincent ja wohl der Bruder sein, der wie Lazarus von Christus auferweckt wird. Das passt auch zu einem Brief, den er schon Jahre früher an seinen Malerkollegen Emile Bernard geschrieben hatte:

*Der Trost dieser Bibel, die so traurig macht, die unsere Verzweiflung und unsere Entrüstung weckt, die uns in Tat und Wahrheit das Herz zerreißt und uns durch ihre Kleinlichkeit und ihren ansteckenden Wahnsinn empört – den Trost, den sie enthält wie einen Kern in einer harten Schale, ist Christus. Christus hat in heiterer Gelassenheit gelebt, als größter aller Künstler. Den Marmor, den Ton und die Farbe verschmähend, hat er in lebendigem Fleisch gearbeitet. Er machte lebendige Menschen, Unsterbliche, denn er allein hat die fundamentale Gewissheit vom ewigen Leben, der Unendlichkeit der Zeit und der Nichtigkeit des Todes.*

Vincent van Gogh hatte Gottvertrauen. Trotz seiner Erfolglosigkeit als Maler und als Mensch, trotz seiner Depression, die im Juli 1890 zum Selbstmord führte. Er hatte Vertrauen in ein besseres Leben nach den Tod und sogar Vertrauen in seine Kunst. Er glaubte daran, dass einmal alles in Erfüllung geht, im Himmel wie auf Erden. Er schreibt: „Einmal wird der Tag kommen, da wird man sehen, dass meine Bilder mehr wert sind als der Preis der Farbe, mehr wert sogar als mein ganzes erbärmliches Leben, das ich daran hängte." Sein Vertrauen war nicht umsonst.

## *ZUM NACHDENKEN*

Es war Gottes Wille – so steht es nicht selten in Todesanzeigen, gerade, wenn ein junger Mensch gestorben ist. Der Schweizer Dichter Kurt Marti ist da ganz anderer Meinung:

*dem herrn unserem gott*
*hat es ganz und gar nicht gefallen*
*daß gustav e. lips*
*durch einen verkehrsunfall starb*

*erstens war er zu jung*
*zweitens seiner frau ein zärtlicher mann*
*drittens zwei kindern ein lustiger vater*
*viertens den freunden ein guter freund*
*fünftens erfüllt von vielen ideen*

*was soll jetzt ohne ihn werden?*
*was ist seine frau ohne ihn?*
*wer spielt mit den kindern?*
*wer ersetzt einen freund?*
*wer hat die neuen ideen?*

*dem herrn unserem gott*
*hat es ganz und gar nicht gefallen*
*daß einige von euch dachten*
*es habe ihm solches gefallen*

*im namen dessen der tote erweckte*
*im namen des toten der auferstand*
*wir protestieren gegen den tod von gustav e. lips*

* Glauben Sie daran, dass alles, was geschieht, Gottes Wille ist?
* Müssen sich „gute Christen“ in ihr Schicksal ergeben oder dürfen sie protestieren?
* Zweifeln Sie angesichts von Schicksalen manchmal an der Güte oder der Macht Gottes?
* In einem Lied von Reinhard Mey über einen (zu) jung verstorbenen Freund heißt es: „Wenn du heute den noch siehst, der unsere Wege lenkt: Frag ihn unverbindlich mal, was er sich dabei denkt!“
  Würden Sie Gott auch gerne etwas Bestimmtes fragen?

Die Lyrikerin Eva Zeller meint, dass Sterbende Jesus ähnlich sind – ähnlich dem Jesus, der sterbend am Kreuz hing. Sie schreibt in ihrem Gedicht „Golgatha":

*wann*
*wenn nicht um die neunte Stunde*
*als er schrie*
*sind wir ihm*
*wie aus dem Gesicht geschnitten*

*Nur seinen Schrei*
*nehmen wir ihm noch ab*
*und verstärken ihn*
*in aller Munde*

Die Evangelien kennen verschiedene letzte Schreie: „Mein Gott, warum hast du mich verlassen?" (Markus) – „Vater, in deine Hände lege ich meinen Geist!" (Lukas) – „Es ist vollbracht!" (Johannes) oder der „wortlose Schrei" bei Matthäus. In welchem Schrei würden Sie Jesus am meisten ähnlich sehen?

Es gibt Menschen, die Angst vor dem Tod haben, weil sie Gottes Gericht fürchten. In seinem berühmten Roman „Alexis Sorbas" lässt der griechische Schriftsteller Nikos Katzantzakis seine Hauptperson dagegen philosophieren:

*Ich – aber lache nicht – stelle mir Gott genau vor wie mich. Nur größer, kräftiger, verrückter. Und außerdem unsterblich. Er sitzt bequem auf weichen Schafsfellen und seine Wohnung ist der Himmel. In seiner Hand hält er weder Schwert noch Waage – damit gehen Metzger und Krämer um. Gott hält vielmehr einen großen Schwamm voll Wasser in der Hand, wie eine Regenwolke. Rechts von ihm ist das Paradies, links die Hölle. Da kommt denn die arme Seele, splitterfasernackt – sie hat ja ihren Körper verloren – und zittert vor Kälte. Gott blickt sie an und lacht verschmitzt, dabei macht er den strengen Richter. „Komm her“, sagt er zu ihr mit lauter Stimme, „komm her, du Verdammte!“ Dann beginnt das Verhör. Die Seele fällt Gott zu Füßen. „Wehe“, ruft sie, „ich habe gesündigt“, und sie fängt an, ihre Sünden herunterzuleiern. Eine Litanei, die kein Ende nimmt. Gott hat bald die Nase voll. Er gähnt. „Schweig endlich“, schreit er sie an. „Du brüllst ja, dass mir der Schädel platzt!“ Und schwupps – fährt er mit dem Schwamm durch die Luft und löscht alle Sünden aus. „Mach, dass du weiterkommst. Ins Paradies“, sagt er. „Petrus, lass die auch hinein, das arme Kind.“ Denn, das musst du wissen, schließt Alexis Sorbas seine Geschichte ab, Gott ist ein Edelmann, und der wahre Adel liegt im Verzeihen ...*

- Glauben Sie daran, dass es so etwas wie ein Gericht geben wird?
- Haben Sie Angst davor? Sorge? Vorfreude?
- Was halten Sie von der Vorstellung vom „göttlichen Schwamm“, der alle Sünden auslöscht?
- Ist das „Gottvertrauen“ von Alexis Sorbas nicht allzu menschlich?

Vincent van Gogh sieht Gott als das große Licht. Das Licht, das über den Tod hinaus leuchtet, das aber auch schon im Hier und Jetzt alles hell macht. Die Dichterin Marie Luise Kaschnitz würde dem wohl zustimmen, schreibt sie doch in dem Gedicht „Auferstehung“

*Manchmal stehen wir auf*
*Stehen wir zur Auferstehung auf*
*Mitten am Tage*
*Mit unserem lebendigen Haar*
*Mit unserer atmenden Haut.*

*Nur das Gewohnte ist um uns.*
*Keine Fata Morgana von Palmen*
*Mit weidenden Löwen*
*Und sanften Wölfen*

*Die Weckuhren hören nicht auf zu ticken*
*Ihre Leuchtzeiger löschen nicht aus.*

*Und dennoch leicht*
*Und dennoch unverwundbar*
*Geordnet in geheimnisvoller Ordnung*
*vorweggenommen in ein Haus aus Licht.*

* Auferstehung mitten im Leben. Ist es das, was Jesus meinte, als er sagte: „Wer mein Wort hört und an den glaubt, der mich gesandt hat, der hat schon das ewige Leben, der ist schon aus dem Tod ins Leben hinübergegangen" (Johannes, Kapitel 5, 24)?
* Kann so „leicht" und „unverwundbar" nur sein, wer Gott vertraut im Leben und im Tod?

# LITERATURVERZEICHNIS

Wolfgang Beinert: Hilft Glaube heilen?
Patmos Verlagshaus, Düsseldorf 1985

Martina Blasberg-Kuhnke, Andreas Wittrahm (Hrsg.): Altern in Freiheit und Würde. Handbuch christliche Altenarbeit. Kösel-Verlag, München 2007

Bertolt Brecht: Geschichten vom Herrn Keuner.
Suhrkamp Verlag, Frankfurt/Main 1971

Die Bibel. Einheitsübersetzung der Heiligen Schrift.
Katholische Bibelanstalt, Stuttgart

Fritz Erpel: Vincent van Gogh. Sämtliche Briefe, 6 Bände.
Lamuv Verlag, Bornheim 1985

Günter Ewald: Gibt es ein Jenseits? Auferstehungsglaube und Naturwissenschaft. Matthias Grünewald Verlag, Mainz 2000

Guido Fuchs: Mahlkultur. Tischgebet und Tischritual.
Friedrich Pustet Verlag, Regensburg 1998

Linus Geisler: Spiritualität in der Medizin. Arznei – Placebo – Droge? In: Universitas, 61. Jahrgang, Nr. 2/2006, S. 121-128

Gotteslob. Katholisches Gebet- und Gesangbuch.
Katholische Bibelanstalt, Stuttgart

Marianne Gronemeyer: Das Leben als letzte Gelegenheit. Sicherheitsbedürfnisse und Zeitknappheit.
Primus Verlag, Darmstadt 1993

Susanne Haverkamp: Andere Zeiten wachsen von selbst.
In: Neue Kirchenzeitung 24/2006, S. 6

Susanne Haverkamp: Dein Glaube hat dir geholfen.
In: Glaube und Leben 32/2006, S. 6

Susanne Haverkamp: Das Wort Gottes und der Mais.
In: Kirchenbote für das Bistum Osnabrück 27/2005, S. 5

Susanne Haverkamp: Nur streng geprüft wird anerkannt.
Heilungswunder heute.
In: Kirchenbote für das Bistum Osnabrück 9/2005, S. 5

Marie Luise Kaschnitz: Dein Schweigen – meine Stimme.
Gedichte 1958-1961.
Claassen Verlag, Düsseldorf 1962

Nicos Kazantzakis: Alexis Sorbas.
Rowohlt Taschenbuch Verlag, Hamburg 1955

Stephen King: In einer kleinen Stadt.
Heyne Verlag, München 1991

Kleines Rituale. Herausgegeben von den Liturgischen
Instituten Salzburg, Trier, Zürich.
Herder Verlag, Freiburg

Klöckner: Keine Kinder – kein Segen?
In: Kirchenbote für das Bistum Osnabrück 25/2007, S. 6

Elisabeth Kübler-Ross: Interviews mit Sterbenden.
Kreuz Verlag, Stuttgart 1969

Peter Kuhn (Hrsg): Weißt du, wo Gott zu finden ist?
Geschichten aus dem chassidischen Judentum.
Butzon & Bercker Verlag, Kevelaer 1984

Annette Lamprecht: Christlicher Glaube im Alter.
Eine Untersuchung zu Bedeutung und Funktion.
LIT Verlag, Berlin 2006

Kurt Marti: Leichenreden.
Luchterhand Verlag, Darmstadt-Neuwied 1969

Anthony de Mello: Geschichten, die guttun.
Herder Verlag, Freiburg 2001

Anthony de Mello: Warum der Schäfer jedes Wetter liebt.
Herder Verlag, Freiburg 2007

Helmut Müller (Hrsg.): Naturwissenschaft und Glaube.
Scherz Verlag, München 1988

Paul Nizon: Van Gogh in seinen Briefen.
Insel Verlag, Frankfurt/Main 1977

Franz-Josef Nocke: Eschatologie.
Patmos Verlagshaus, Düsseldorf 1982

Karl Rahner: Rechenschaft des Glaubens.
Herder Verlag, Freiburg 1979

Karl Rahner: Zum theologischen und anthropologischen Grundverständnis des Alters. In: ders: Schriften zur Theologie 15, S. 315-325.
Benzinger Verlag, Einsiedeln-Köln-Zürich 1983

Monika Renz: Grenzerfahrung Gott. Spirituelle Erfahrungen in Leid und Krankheit.
Herder-Verlag, Freiburg 2003

Elie Wiesel: Die Nacht zu begraben, Elischa.
Bechtle Verlag, München 1962

Eva Zeller: Golgatha.
In: Evangelische Kommentare 8 (1975), S. 173

Jörg Zink: Wie wir beten können.
Kreuz-Verlag, Stuttgart 1970

# QUELLENVERZEICHNIS

**Gottvertrauen im Alltag**

Meine Zeit steht in deinen Händen
Text & Melodie: Peter Strauch
© 1981 Hänssler Verlag, 71087 Holzgerlingen

Segne dieses Kind
Text: Lothar Zenetti, in: Gotteslob, Nr. 636
© Fidula-Verlag Boppard/Rhein

Die Nacht zu begraben, Elischa
Elie Wiesel
© 1962 by Bechtle Verlag, Esslingen; aus dem Französischen übersetzt von Curt Meyer-Clason, genehmigt durch die F.A. Herbig Verlagsbuchhandlung GmbH, München

**Gottvertrauen in Gefahr**

Laß den Zweig los
Entnommen aus: Anthony de Mello, Warum der Schäfer jedes Wetter liebt, HERDER Spektrum S. 57f.
Aus dem Englischen von Ursula Schottelius
© Verlag Herder, Freiburg im Breisgau, 3. Auflage 2007

**Gottvertrauen im Scheitern und im Neubeginn**

Manchmal glauben wir, alles verspielt zu haben
Text: Werner Schaube
© Verlag Kinderlieder und mehr

Eine Geschichte über Herrn K.
Bertolt Brecht
© Suhrkamp Verlag, Frankfurt am Main 1971

**Gottvertrauen in der Krankheit**

Manchmal kennen wir Gottes willen“
© Kurt Marti, Arnim Juhre, in: Gotteslob, Nr. 299

**Gottvertrauen im Alter**

Wie wir beten können
Jörg Zink
© Kreuz Verlag, Stuttgart 1970, S. 120

**Gottvertrauen im Sterben und im Tod**

Franz-Josef Nocke, Eschatologie
© Patmos Verlag GmbH & Co. KG, Düsseldorf 1982

Leichenreden
Kurt Marti: Leichenreden. Mit einem Vorwort von Peter Bichsel
© 2001 Nagel & Kimche im Carl Hanser Verlag, München

Golgatha
Eva Zeller, in: Evangelische Kommentare 8, 1975, S. 173

Nicos Katzantzakis: Alexis Sorbas.
© 1982 by F.A. Herbig Verlagsbuchhandlung GmbH, München aus dem Neugriechischen von Alexander Steinmetz; überarbeitet und z. Tl. neu übertragen von Isidora Rosenthal-Kamarinea

Auferstehung
Marie Luise Kaschnitz: Überallnie
© 1965 Claassen Verlag in der Ullstein Buchverlage GmbH, Berlin

## FÜR DIE KLEINEN ATEMPAUSEN IM ALLTAG

*Bärbel Fening*

**Kleine Anleitung für mehr Gelassenheit**

2006. 188 Seiten,
12,8 x 21,0 cm, Hardcover
mit Schutzumschlag
ISBN 978-3-89993-800-5
€ 14,90

Nicht Perfektionismus bringt uns weiter, sondern ein Leben, das sich der Vollendung unserer geistigen und schöpferischen Kraft widmet.

Die *Kleine Anleitung für mehr Gelassenheit* verhilft Ihnen zu wichtigen Atempausen im Alltag. Texte aus der Bibel, Geschichten von Philosophen und Mystikern motivieren dazu, gelassener und zufriedener durchs Leben zu gehen.

***Die Autorin***
*Bärbel Fening lebt mit ihrer Familie in Hamburg. Sie studierte Journalistik, Anglistik und Theologie und arbeitet heute als freie Journalistin. Vielen Zuschauern von „hallo Niedersachsen" im NDR Fernsehen ist sie als Moderatorin gut bekannt.*

Stand August 2007. Änderungen vorbehalten.

schlütersche